Callwey

Rainer W. Kuhnke

Südliche Stimmung für heimische Gärten

Ideen,
Gestaltung,
Pflege

Callwey

... rund ums Haus

Inhalt

Ein Plätzchen zum Träumen: Blühender Sommerflor in Töpfen, Trögen und Kübeln – der Inbegriff warmer Sommertage auf Balkon und Terrasse.

Zu Seite 3: Wie im Süden: Leuchtender Sommerflor in Kübeln und Töpfen gibt der Terrasse eine dichte Rahmeneingrünung.

Vorwort

Den meisten Gartenbesitzern dürfte es schon ähnlich ergangen sein: Die vermeintlich »schönste Zeit des Jahres« – der wohlverdiente Urlaub in südlichen Gefilden – gehört bereits seit einigen Tagen nur noch der Erinnerung an. Oftmals ist der trübe, graue Himmel wieder an die Stelle eines wolkenlosen Blaus getreten, und irgendwie übt das lauschige Plätzchen im heimischen Garten, das sonst immer so viel Freude bereitete, plötzlich gar nicht mehr den gleichen Reiz aus wie noch wenigen Wochen. Schmerzlich wird es einem bewußt: Schleswig-Holstein, das Rheinland oder Niederbayern sind eben nicht Andalusien, Algarve oder Provence.
Nun können wir zwar nicht Wettergott spielen und somit die lichtdurchfluteten Landschaften des Mittelmeerraumes in unsere merklich kühleren Regionen versetzen. Dennoch brauchen wir aber auch in unseren Gärten nördlich der Alpen keineswegs auf jene mediterranen Stimmungen zu verzichten, die den sonnigen Süden charakterisieren. Dieses Buch soll dazu beitragen, daß der »Traum vom Süden« – zumindest was die Gestaltung unseres Gartens angeht – kein Traum bleiben muß, denn manchmal genügen bereits wenige Handgriffe, um das gewünschte mediterrane »Flair« zu schaffen. Daß es dabei nicht unbedingt auf die Präsenz meterhoher Palmen, exotischer Sukkulenten oder überbordender Dekorationen ankommt, beweisen die hier vorgestellten Gärten auf anschauliche Weise. Die Beispiele reichen vom nur wenige Quadratmeter umfassenden Atrium oder Balkon, über den großzügig dimensionierten Landschaftsgarten, bis »hoch hinaus« zur luftigen Dachterrasse. Fazit: Es gibt wohl kaum einen Gartenraum, der sich nicht zu einem »Quell südlicher Freuden« (um)gestalten ließe.
Der Autor ist der Hoffnung, daß dieses Buch dem Gartenfreund wie auch dem Liebhaber mediterraner Pflanzen und Landschaften zusätzliche Inspiration zur Anlage seines persönlichen »südlichen Gartentraums« vermitteln möge.

Rainer W. Kuhnke
Badenweiler im Januar 1999

Links:
Eine Augenweide für den Rhododendron- und Azaleenliebhaber: Hier wurden vor einer hohen Gehölzpflanzung Rhododendren und Azaleen in ihrer gesamten Farbpalette dicht an dicht gepflanzt und in halbrunde Formen geschnitten.

Zur Einstimmung: Der Traum vom Süden – Kleine Geschichte der mediterranen Gartenkunst

Der Traum vom Süden, wie wir ihn alle kennen: Palmen und andere immergrüne Gehölze sowie Steinsäulen säumen Uferpromenaden an zwischen Bergketten liegenden Seen.

In allen großen Kulturen und Religionen der Menschheit finden sich Hinweise auf einen unbestimmten, »himmlischen« Ort. Den Griechen galt er einst als Wohnsitz der Götter, für die Christen ist es »Gottes Reich«, und der Koran, die Heilige Schrift des Islam, sieht Allah in einem Palast, umgeben von prachtvollen Gärten.
Die Rede ist vom »Elysium«, vom »Paradeisos« – dem Paradies. In den Vorstellungen der Menschen existiert dieses Paradies seit jeher in der Gestalt eines üppig blühenden, immergrünen Gartens. In diesem von allen Leiden des irdischen Daseins weit entrückten »Garten Eden« winkt dem Gläubigen der Lohn für ein sündenfreies Leben. Dort – so steht es zumindest geschrieben – gibt es keinen Mangel. Freuden und Genüsse, die auf Erden noch Verstöße gegen die Grundsätze des Glaubens darstellten, werden im Paradies zu Geboten des ewigen Lebens. So heißt es im Koran: »Das Paradies, das den Gottesfürchtigen versprochen ist, ist so beschaffen: In seinen Niederungen fließen Bäche. Und es besitzt andauernd Früchte und Schatten« (Sure 13,35). Da wachsen Bäume »hoch wie Kathedralen« und solche, die »niemals ihre Blätter abwerfen«.
So beschreiben die Mythensammlungen und Religionsschriften lange, bevor die europäischen Entdecker Afrikas, Amerikas und Asiens von einer »Neuen Welt« berichten – wenn man so will –, bereits *Gärten des Südens*.

Clematis-Zuchtformen mit großschaligen Blüten entwickeln sich auch bei uns zu prächtigen Exemplaren, wenn der Standort frei von Zugluft ist.

Der Begriff »Paradies auf Erden« kommt also nicht von ungefähr. Hinter diesem Vergleich verbirgt sich nichts anderes als der uralte Traum vom »ewigen Leben unter schattenspendenden Bäumen«. Dort, auf »Gottes Wiese«, grünen die Blätter und blühen die Blumen ohne Unterlaß. In einem »Garten Eden« ist nun einmal kein Platz für winterkahle Sträucher oder vom Schnee bedeckte Tannen und Fichten.

Viel eher entsprechen die Parks und Gärten des Mittelmeerraumes unserem Ideal vom Paradies. So kann man noch im Dezember entlang der mediterranen Küsten ungetrübte Gartenfreuden genießen. Und mit den ersten Strahlen der Frühlingssonne entfalten sich – neben vielen anderen – bereits wieder die zartrosa Blüten der Zistrosen *(Cistus parviflorus)*, während die blauvioletten Kelche des Großen Immergrün *(Vinca major)* schon seit einigen Wochen die Promenaden säumen. Wer einmal im frühen März unter den lichtdurchfluteten Arkaden der Alcázar-Gärten von Sevilla spaziert ist oder die florale Pracht in den hügeligen Parks der französischen und italienischen Riviera bewundern konnte, wird ganz sicher die Erkenntnis eines Christian C. L. Hirschfeld teilen, der in seiner berühmten »Theorie zur Gartenkunst« aus dem Jahre 1779 anmerkt: »Die Natur hat den Menschen gebildet, die Freuden der schönen Jahreszeiten zu genießen.«

Diesen Genuß wußten bereits die Ägypter der alten Dynastien zu schätzen. Darin folgten ihnen Assyrer und Babylonier, Griechen und Perser, bis schließlich die Römer neben den »Freuden der schönen Jahreszeiten« auch die Vorzüge des komfortablen Landlebens für sich entdeckten. Von nun an pflegten sie in ihren Villen den Müßiggang und frönten im Schatten weinberankter Atrien dem später vielzitierten »Dolce Vita«.

Dennoch waren es die Mauren, die nach ihrer Eroberung Spaniens im Jahre 711 nach Christus im Süden der iberischen Halbinsel wahre »Paradiese auf Erden« schufen. Mit Hilfe komplizierter Bewässerungssysteme verwandelten sie die sonnenverbrannten Ebenen Andalusiens und des Algarve in ertragreiche Äcker und Felder, während in Städten wie Córdoba, Sevilla und Granada herrliche Gärten entstanden. Innerhalb der maurischen Gärten Spaniens wurden die Legenden aus Tausendundeiner Nacht zur historischen Realität. Mit der Vertreibung der Mauren im Jahre 1492 durch die christlichen Heere – der sogenannten »Reconquista« – verschwand auch die Pracht der Gärten aus diesem Teil des südlichen Europas.

Nördlich der Pyrenäen ist es vor allem den Mönchsorden zu verdanken, daß die Errungenschaften der Gartenkunst nicht gänzlich verlorengingen. Im Gegensatz zu den von Kriegen und Unruhen geplagten Menschen außerhalb der Klostermauern verfügten sie weitgehend über Raum und

Typische Gestaltungselemente südlicher Gärten waren früher streng axial angelegte Wegesysteme, in dessen Mittelpunkt sich meistens ein Brunnen befand.

Muße, um sich gärtnerischen Arbeiten zu widmen. So waren die meisten Höfe der Kreuzgänge als Gärten gestaltet. Die axiale Aufteilung – in vier gleich große Pflanzbeete, die von einem Wegekreuz gebildet werden, und in dessen Mittelpunkt sich zumeist ein Brunnen befindet – hat sich bis heute als wichtige Grundform innerhalb der Gartengestaltung erhalten.

Ab dem 16. Jahrhundert wurden italienische Villengärten üppig mit Arkadengängen, Säulen, Skulpturen und Wasserspielen ausgestattet. Somit wurde der Garten zur Kulisse glanzvoller gesellschaftlicher Empfänge.

Dieses imposante Wasserrad läßt auch heute noch die pompösen Ausmaße des Gartenstils des 15. und 16. Jahrhunderts erkennen.

Den Übergang vom Mittelalter zur Frührenaissance dokumentiert eine Schrift Leon Battista Albertis (»De re aedificatoria«) aus dem 15. Jahrhundert. Von nun an wird Italien zum Vorbild europäischer Gartenkunst. In der heutigen Toskana entstehen über einen Zeitraum von mehr als einem Jahrhundert unzählige Gärten, die sich meist um prachtvolle Villen und Landsitze anordnen: Das wohl berühmteste Beispiel jener Epoche ist die Villa Medici in Fiesole. Pergolen, die kunstvoll geschnittene Hecken aus Buchs und Myrten beschatten; antike, nach römischem oder griechischem Vorbild »nachgeahmte« Säulen und Skulpturen; Grotten und raffinierte Wasserspiele bilden als gemeinsame Gestaltungselemente das Ideal eines Gartens. Dennoch bleibt es das höchste Ziel, die Natur nachzuahmen und Intimität zu schaffen – der Garten als Rückzugspunkt für die Seele. Ab dem 16. Jahrhundert wird in Anlehnung an den Bedarf immer prachtvollerer Bauten auch der Gartenstil pompöser. Aus den Refugien der Ruhe werden nun Kulissen glanzvoller gesellschaftlicher Empfänge. Der Import exotischer Blütenpflanzen wird Mode, die Wasserspiele – sie verbrauchten nicht selten mehr als die Hälfte der Trinkwasserbestände der Umgebung – gipfeln in dekadentem »Wassertheater«.

Im 19. Jahrhundert erreicht schließlich der englische Landschaftsstil auch die Gärten Italiens und Frankreichs. Dies bedeutet zugleich das Ende einer eigenständigen »mediterranen« Gartenkunst.

Hat man sich erst einmal hierher zurückgezogen, verläßt man dieses Refugium nicht mehr so schnell.

Rechts: Architektonische Schönheit vermittelt dieses Säulenlabyrinth eines vierseitig umschlossenen Innenhofes, dessen Achsen von einem Wasserspiel durchzogen sind.

Links:
Aufwendig gestaltete und kunstvoll bearbeitete Brunnen fanden im maurischen Spanien sowohl im Innen- als auch im Außenbereich Verwendung.

Eine typische Gartenanlage aus dem 15. und 16. Jahrhundert mit streng gegliederter und symmetrischer Beetanordnung. Meistens waren diese Gärten von mindestens drei Gebäudeseiten umgeben.

Es war sehr beliebt, die Gartenwege mit 2 bis 3 Meter hohen grünen und blühenden Hecken aus Rhododendren, Azaleen und Kamelien zu säumen.

Italienische Villengärten oder Parkanlagen waren ohne Skulpturen undenkbar.

Zu einer formal gestalteten Gartenanlage gehört auch, daß ein Teil der Gehölze in strenge Formen geschnitten wird.

Gestaltungselemente mediterran inspirierter Gärten

Mit der üppig wachsenden Pfeifenwinde *(Aristolochia durior)* lassen sich Pergolen, Lauben und Laubengänge innerhalb weniger Jahre dicht begrünen.

Klimatische Bedingungen

Ist die Entscheidung für die Neu- oder Umgestaltung eines Gartens mit »südlichen Stimmungen« erst einmal gefallen, wird die erste, etwas bange Frage zumeist lauten: Ist es in unseren Breiten, mit ihren dafür charakteristischen Wechseln der Jahreszeiten, überhaupt möglich, sich an mediterranen Vorbildern zu orientieren? So paradox es vielleicht klingen mag, aber auf eine Art läßt sich der »Traum vom Süden« bei uns sogar einfacher verwirklichen als beispielsweise an der spanischen Costa Blanca oder am portugiesischen Algarve. Denn im Gegensatz zu vielen Gebieten Südeuropas haben wir in der Regel nicht mit über Monate andauernden Trockenperioden zu rechnen. Die immens hohen Strahlungswerte der Sonne, die bei den Pflanzen zu einem enormen Transpirations- und Verdunstungsanstieg führen, werden bei uns selbst im Hochsommer nicht erreicht. Auch gibt es nicht die (nicht nur) in Küstennähe des Mittelmeers zwischen April und Oktober heftigen Winde, die sich auf ihrem Weg gen Süden allmählich aufgeheizt haben. Da es während des Sommers am Boden heißer ist als über dem Meer und damit die relative Luftfeuchte bei auflandigem Wind noch weiter verringert wird, bleiben die für einen optimalen Pflanzenwuchs so notwendigen Niederschläge weitgehend aus. Wer einmal in den Sierras Andalusiens einen derartigen Sommersturm hautnah erleben konnte, wird

Die Schmucklilie *(Agapanthus praecox)* blüht Jahr für Jahr prachtvoller, wenn sie kühl überwintert wird.

Die duftenden Blüten des Seidenbaumes *(Albizia julibrissin)* gleichen einem Kosmetikpinsel und sind genauso weich.

Eine besonders reizvolle Agavenart ist diese mit weißgeränderten Blättern.

sicher verstehen, daß solche Bedingungen den periodischen Zuwachs dort ansässiger Gehölze und Stauden nachhaltig erschweren – von der Aufzucht empfindlicher Gartenpflanzen ganz zu schweigen.
Die klimatischen Standortbedingungen einer Pflanze (von der Betrachtung der jeweiligen Bodenansprüche können wir in diesem Zusammenhang Abstand nehmen) erklären sich nach ihren Ansprüchen hinsichtlich Licht, Wasser (Niederschläge), Wind und Temperatur (Frosthärte). Betrachtet man diese in der genannten Reihenfolge, ergeben sich folgende, zu beachtende Punkte:

Licht

Die Lichtverhältnisse eines Gartens bilden die Grundlage zu seiner Gestaltung. Die Lichtintensität entscheidet über den Charakter eines Gartens, sie erlaubt oder verbietet die Verwendung bestimmter Pflanzen, die einem Garten erst sein individuelles »Gesicht« verleihen.
Um es jedoch gleich vorweg zu sagen: Auch ein schattiger Garten kann ein südliches, ja sogar tropisches Ambiente besitzen. Ein Terrassenplatz unter einer weiß gestrichenen Pergola, die von dem eindrucksvollen Blattwerk einer Pfeifenwinde *(Aristolochia)* oder Kletterhortensie *(Hydrangea anomala* ssp. *petiolaris)* überzogen ist, weckt allemal südliche Reminiszenzen, zumal wenn Gartenmöbel und -accessoires diesen Stilvorgaben

Die Aukube *(Aucuba japonica)* ist dem Lorbeer sehr ähnlich. Die lederartigen Blätter sind je nach Sorte einfach dunkelgrün oder gelb gepunktet oder gefleckt.

Der immergrüne Zylinderputzer *(Callistemon citrinus)* hat zylindrisch rings um den Trieb angeordnete Blütenstände.

Das Wandelröschen (*Lantana-Camara-Hybride*) macht seinem Namen alle Ehre: Die Blüten verändern im Laufe der Zeit ihre Farbe von Gelb nach Orange oder von einem zarten Rosa zu einem kräftigen Rot.

Die cremeweißen Blüten der Gardenie *(Gardenia jasminoides)* duften überaus intensiv.

folgen (siehe dazu auch »Gartenausstattung und Accessoires«, Seite 31).
Dennoch gilt für die meisten in Südeuropa oder Übersee beheimateten Pflanzen: Je mehr Sonne, um so besser! Sie danken es Ihnen mit einer längeren und reicheren Blüte, wobei darauf zu achten ist, daß gerade jüngere Pflanzen an besonders exponierten Standorten vielfach der Gefahr eines Sonnenbrandes ausgesetzt sind (das gleiche gilt für fast alle Kübelpflanzen während der ersten Tage im Freien nach der Dunkelheit des Winterquartiers).
Einiges über die Sonnenverträglichkeit einer Pflanze erfahren wir anhand ihrer Belaubung. Großblättrige Arten wie beispielsweise die Japanische Wollmispel *(Eriobotrya japonica)* oder Zierbananen *(Ensete)* mögen eher Schatten als jene mit unscheinbarem oder filigranem Laub wie die Echte Akazie *(Acacia)* oder die weniger bekannte *Sesbania*. Eine Südlage des Gartens bietet also auch nördlich der Alpen die Möglichkeit, in mediterraner Blütenfülle zu schwelgen, während absonnige Areale eher dazu einladen, sich mit Hilfe üppiger Blattpflanzen und tropischer Gartenmöbel eine dschungelartige Atmosphäre zu schaffen.
Eine Aufstellung der bei uns gebräuchlichsten Pflanzen aus südlichen Ländern zeigt die jeweiligen Lichtansprüche im schnellen Überblick:

Pflanze botanische/	deutsche Bezeichnung	Lichtanspruch hoch	mittel	
Abutilon	Schönmalve		●	
Actinidia	Kiwi, Chinesischer Strahlengriffel		●	
Agapanthus	Schmucklilie	●	●	
Agave	Agave	●	●	
Albizia	Schlaf- oder Seidenbaum	●	●	
Arbutus	Erdbeerbaum		●	●
Aucuba	Aukube		●	●
Bougainvillea	Bougainvillea oder Wunderblume	●		
Caesalpina	Paradiesvogelstrauch	●		
Callistemon	Flaschen- oder Zylinderputzer		●	
Camellia	Kamelie		●	
Campsis	Trompetenblume	●		
Cassia	Gewürzrinde	●		
Cestrum	Hammerstrauch		●	
Chamaerops	Zwergpalme		●	●
Choisya	Orangenblume		●	●
Cistus	Zistrose	●		
Citrus	Zitrusgewächse	●		
Clematis	Waldrebe	●	●	
Datura	Engelstrompete		●	
Ensete	Zierbanane		●	●
Eriobotrya	Wollmispel		●	
Erythrina	Korallenstrauch	●	●	
Fatsia	Zimmeraralie		●	●
Gardenia	Gardenie		●	
Hibiscus	Roseneibisch	●		
Iochroma	Veilchenstrauch		●	
Lagerstroemia	Kreppmyrte	●		
Lantana	Wandelröschen	●		
Laurus	Lorbeer		●	●
Leonotis	Löwenohr	●		
Magnolia	Magnolie		●	
Musa	Banane		●	●
Nandina	Heiliger Bambus		●	●
Nerium	Oleander	●		
Olea	Olive	●		
Opuntia	Feigenkaktus	●		
Passiflora	Passionsblume	●		
Phoenix	Dattelpalme	●	●	
Phormium	Neuseeländischer Flachs			●
Pittosporum	Klebsame		●	
Plumbago	Bleiwurz	●		
Punica	Granatbaum	●		
Rosmarinus	Rosmarin	●		
Salvia	Salbei	●		
Solanum	Nachtschatten		●	
Strelitzia	Paradiesvogelblume	●		
Tibouchina	Prinzessinnenblume		●	
Trachycarpus	Hanfpalme			●
Washingtonia	Washingtonie			●
Yucca	Palmlilie	●	●	●

Übersicht über den Lichtanspruch verschiedener Pflanzen.

Kakteen beanspruchen wenig Platz und Pflege und haben die Fähigkeit, sich über Nacht in strahlende Schönheiten zu verwandeln.

Palmen zählen zu den beliebtesten Kübelpflanzen und bringen wie keine andere Pflanze die heitere Atmosphäre südlicher Länder in Haus und Garten.

Anmerkung:
Sind mehrere Möglichkeiten markiert, variieren die Lichtansprüche je nach Sorten. Bei anderen Pflanzen – wie zum Beispiel Yucca – sind auch mehrere Standorte möglich.

Eine dekorative und unkomplizierte Kübelpflanze ist der Neuseeländer Flachs *(Phormium tenax)*.

Mitte:
Die Paradiesvogelblume gedeiht am besten im nicht zu warmen Glashaus, wo sie ihre exotischen Blüten entfaltet.

Unten:
Der Christusdorn *(Euphorbia milii)* ist eine anspruchslose, unverdrossen blühende Pflanze.

Wasser

Auch hier gibt es eine einfache Faustregel: Je größer das Blatt, um so höher die Verdunstung. Jedoch läßt sich die Bewässerung – im Gegensatz zum Lichteinfluß – wesentlich leichter regulieren. Anders sieht es mit den Schäden an Blättern und Blüten aus, welche heftige Niederschläge an den oftmals sehr empfindlichen Pflanzen anrichten können. Auch Pilzerkrankungen (Schimmelbefall) werden durch aufgestaute Nässe begünstigt. Ebenso können Verletzungen an den weicheren Rindenteilen entstehen, die es wiederum verschiedenen Schädlingen ermöglichen, die Pflanzen von innen her zu schwächen.
Abhilfe schaffen da beispielsweise großflächige Schirme (sogenannte »Italienische Marktschirme«), die zudem den Vorteil bieten, überall dort schnell aufgestellt zu sein, wo man sie am dringlichsten benötigt.
Nach einem Regenschauer sollten Sie besonders empfindliche Pflanzen mit einem weichen und saugfähigen Tuch vorsichtig abtrocknen. Das gilt vor allem bei rasch wechselnden Wetterlagen, da die intensive Sonnenbestrahlung auf den noch regennassen Pflanzenteilen erhebliche Brandschäden hervorrufen kann.

Wind

Die Bedeutung des Windes für die Bepflanzung eines Gartens wird leider häufig unterschätzt. Gerade in dicht bebauten Wohngebieten können unangenehme Windkanäle entstehen, mit der Folge schwerer Blatt- und Blütenschäden für die Pflanzen. Das gleiche gilt natürlich auch für extrem freie und ungeschützte Lagen, wie man sie beispielsweise in ländlichen Gegenden antrifft.
In solchen Fällen sollten Sie für geeigneten Windschutz sorgen. Wer über genügend Platz verfügt, dürfte sich für eine kompakt gestaffelte Pflanzung von Windschutzgehölzen wie Felsenbirne *(Amelanchier)*, Ölweide *(Elaeagnus angustifolia)* oder der Gemeinen Heckenkirsche *(Lonicera xylosteum)* entscheiden. Aber auch immergrüne Hecken aus Stechpalme *(Ilex)*, Liguster *(Ligustrum)* oder schmale Mauern und geschlossene Zäune »brechen« wirkungsvoll den Winddruck.
Bedenken Sie bitte auch, daß konstanter Windeinfall die Transpiration der Pflanzen erhöht, was durch verstärktes Wässern auszugleichen ist.
Windschäden durch das Abbrechen von Trieben und Ästen drohen zum Beispiel bei Bleiwurz *(Plumbago)*, Schönmalven *(Abutilon)* und Wandelröschen *(Lantana)*.

Im Schutz von Mauernischen können wärmeliebende Kübelpflanzen besonders gut gedeihen.

In von allen vier Seiten geschützten Innenhöfen finden wind- und zugluftempfindliche Pflanzen ideale Wachstumsbedingungen.

Die Laubengangkonstruktion und die sich darüber ausbreitende Glyzine *(Wisteria sinensis)* werfen effektvolle Schattenspiele an die Wand.

Schönmalven *(Abutilon*-Hybriden) lassen sich gut zu Hochstämmen erziehen. Dem etwas sparrigen Wuchs kann man durch einen kräftigen Rückschnitt im Herbst begegnen.

In den Mittelmeerländern sieht man den Klebsamen *(Pittosporum tobira)* und die Bitterorange *(Poncirus trifoliata)* überall an den Straßen. Bei uns sind sie anspruchslose und überaus dekorative Kübelpflanzen.

Temperatur und Frosthärte

Ein für uns entscheidendes Kriterium bei der Auswahl von mediterranen oder subtropischen Pflanzen ist deren Anpassungsfähigkeit an die in Mitteleuropa vorherrschenden Temperaturwerte. Da die meisten dieser Gehölze weitaus höhere Temperaturen gewohnt sind, als sie unser Klima zu bieten hat, reagieren sie dementsprechend mit einer verkürzten oder verzögerten Vegetationsperiode oder geringerer Blütenfülle. So bleiben zum Beispiel so prachtvolle Blütenpflanzen wie die Indische Lagerstroemie *(Lagerstroemia indica)*, die Bougainvillea *(Bougainvillea spectabilis* und *B. glabra)* oder der bekannte Roseneibisch *(Hibiscus rosa-sinensis)* in kühleren und verregneten Sommern weit hinter den an sie gestellten Erwartungen zurück. Diese Pflanzen benötigen warme bis heiße Standorte, während weniger anfällige Arten wie die Aukube *(Aucuba)* oder die Europäische Zwergpalme *(Chamaerops humilis)* sich durchaus mit einem kühleren, halbschattigen Gartenplatz begnügen.

Von wesentlich größerer Bedeutung ist die Frosthärte einer Pflanze hinsichtlich ihrer Verwendungsmöglichkeiten. Dieser Wert entscheidet darüber, ob wir Gehölze aus südlichen Regionen draußen im Freien oder in einem geschützten Quartier überwintern können. Obwohl mehr Arten, als man vermuten mag, leichte Fröste – zumindest kurzfristig – schadlos überstehen, sind gerade die Pflegeanweisungen zur Überwinterung solcher Pflanzen ernst zu nehmen. Denn starke Frostschäden vermögen, im Gegensatz zu den meist partiellen Schäden durch Sonnenbrand oder Windbruch, durchaus die ganze Pflanze zu vernichten. An dieser Stelle intensiv auf die speziellen Anforderungen der verschiedenen Arten einzugehen, würde den gegebenen Rahmen sprengen. Zur ersten Orientierung mag jedoch auch hier eine Tabelle dienen:

Sieht man für die Immergrüne Magnolie *(Magnolia grandiflora)* einen wind- und zugluftgeschützten Standort vor, kann sie ins Freie gepflanzt sogar bis zu -25°C überstehen.

Pflanzen mit mittlerer bis hoher Frosthärte

botanische/	deutsche Bezeichnung
Albizia julibrissin	Schlaf- oder Seidenbaum
Aucuba japonica	Aukube
Arbutus unedo	Erdbeerbaum
Camellia japonica	Kamelie
Chamaerops humilis	Zwergpalme
Choisya ternata	Orangenblume
Eriobotrya japonica	Japanische Mispel
Fatsia japonica	Zimmeraralie
Ficus carica	Echte Feige
Lagerstroemia indica	Kreppmyrte
Laurus nobilis	Lorbeer
Magnolia grandiflora	Immergrüne Magnolie
Musa basjoo	Japanische Faserbanane
Nandina domestica	Heiliger Bambus
Olea europaea	Olive
Passiflora i. A.	Passionsblume i.A.
Phormium tenax	Neuseeländer Flachs
Phyllostachys i. A.	Bambus i. A.
Pittosporum tobira	Klebsame
Poncirus trifoliata	Bitterorange
Punica granatum	Granatapfel
Rosmarinus officinalis	Rosmarin
Ruscus aculeatus	Mäusedorn
Trachycarpus fortunei	Hanfpalme
Yucca gloriosa	Palmlilie

Der Landschaftsgarten kann viele unterschiedliche Gestaltungselemente mit- und nebeneinander vertragen, wie beispielsweise intensiv gestaltete Stauden- und Gehölzbeete neben großzügigen Wiesenflächen.

Das natürliche Umfeld – Kontrast oder Integration?

Eigentlich müßte die Bezeichnung »natürlich« bereits in der Überschrift durch Anführungszeichen gekennzeichnet werden, denn welcher Gartenbesitzer hat schon das Glück, sein eigenes Heim inmitten einer intakten, vom regulierenden Einfluß des Menschen weitgehend unberührten Naturlandschaft zu finden? In den meisten Fällen bildet unser Garten nur ein Feld auf dem Schachbrett kultivierter, das heißt einem Nutzen unterstellter Flächen. So besteht das Umfeld in der Regel aus an das Grundstück grenzenden Bebauungen, Straßen, Gehwegen (bestenfalls noch baumbestanden) und anderen öffentlichen Bereichen. Gerade innerhalb der Siedlungsarchitektur markieren vielfach private, nachbarschaftliche Grenzen das Gartenareal. So darf die Frage gestellt werden: Ist eine Integration südlich inspirierter Gärten in unser vorherrschendes Landschaftsbild überhaupt möglich? Wird ein derart angelegter Garten nicht zwangsläufig mit seiner Umgebung kontrastieren?
Jedes Gartengrundstück bietet hinsichtlich seiner Lage, Ausdehnung und Umgebung andere Voraussetzungen. Der von hohen Mauern umschlossene Park eines Herrenhauses, der durch meterhohe Rhododendren und Eiben abgeschirmte Garten eines Landsitzes, ein von allen Seiten umbautes Atrium schaffen sicherlich eher Raum für

Bougainvilleen (*Bougainvillea*-Hybriden) können sich auch bei uns zu prächtigen Sträuchern entfalten, vorausgesetzt, sie haben viel Sonne und Wärme sowie reichlich Nährstoffe.

individuelle Ideen als ein frei einsehbarer, schmaler Reihenhausgarten. Hier wird es allein aufgrund des geringen Flächenbestandes schwierig, mittels einer dicht gestaffelten Randbepflanzung den erwünschten Sichtschutz vom/zum Nachbargarten zu gewährleisten. Dazu kommen – oft nur schwerlich nachvollziehbare – baurechtliche Auflagen, die beispielsweise die Herstellung einer Mauer oder eines Gartenzaunes behindern oder gar gänzlich untersagen. Im Falle eines Anwohnereinspruchs sollten Sie möglichst das Gespräch mit Ihrem Nachbarn suchen; nicht selten wird der Errichtung eines Holzzauns auf der Grundstücksgrenze zugestimmt, wenn Sie sich bereiterklären, dem Nachbarn die dekorativere Ansichtsfläche der Zaunfelder zu überlassen. Die nun von Ihrem Garten aus sichtbaren Zaunpfosten wirken weit weniger störend, wenn sie von blühenden Rank- oder Schlingpflanzen überzogen sind. Zusätzlich zum erwünschten Sichtschutz erhalten Sie so bei der Verwendung südeuropäischer oder in Übersee beheimateter Arten bereits den passenden Rahmen für Ihren zukünftigen, mediterran beeinflußten Garten.
Grundsätzlich mag also gelten: Je geringer der visuelle Einfluß der Umgebung, um so größer der gestalterische Spielraum. Wer also die umgebende Landschaft »draußen lassen« kann, besitzt gewissermaßen alle Freiheiten, seinen Garten in ein subtropisches Kleinod zu verwandeln. Wer dagegen auf seines Nachbarn Wohlwollen angewiesen ist, sollte sukzessive vorgehen. Die »Politik der kleinen Schritte« kann auch bei der Gestaltung eines Gartens zum Ziel führen. Mir sind Fälle aus der Praxis bekannt, in denen der Widerstand der Anrainer dank einer behutsamen, nach und nach erfolgenden Veränderung nicht nur gebrochen wurde, sondern schließlich damit endete, daß diese selbst ihre Gärten nach mediterranen Vorbildern umgestalteten. Dazu bedurfte es manchmal nicht mehr als zweier oder dreier neu angeschaffter, vermeintlich exotischer Gehölze, um die Bewunderung und somit das Interesse an der Idee zu wecken. Neben den Pflanzen haben jedoch auch Materialien und die Gestaltung baulicher Teile sowie die Erschließung durch Wege einen maßgebenden Einfluß auf die »südliche Stimmung« in Ihrem Garten.

Mauern, Plätze, Treppen und Wege

Mauern

Gartenmauern erfüllen viele Aufgaben: Sie dienen als Sicht- oder Windschutz, Grenzmarkierung und stützende Bauteile für Erdhänge und Terrassierungen. In jedem Fall sind sie jedoch ein ordnendes und gliederndes Element. Sie definieren die Größe und Geländeform wie auch die funktionelle und gestalterische Unterteilung eines Gartenraumes. Gleich einem Bilderrahmen oder Passepartout können sie innerhalb eines Gartens die Umgebung »draußen« lassen, und wie auch der Bilderrahmen stets zum künstlerischen Werk passen sollte, ist bei der Herstellung einer Mauer immer der angestrebte beziehungsweise bereits vorhandene Gartenstil als formgebendes Kriterium zu beachten.
In den Gärten der Mittelmeerländer finden Mauern wesentlich häufiger Verwendung als nördlich der Alpen. Wer von uns hat nicht schon in Griechenland, auf Sizilien oder in Südspanien das leuchtende Blütenrot einer Bougainvillea bewundert, die an einer blendend weiß gekalkten Gartenmauer emporklettert? Dort fungieren Mauern als kontrastschaffender Hintergrund, der die breit gefächerte Palette der Pflanzenformen und -farben erst richtig zur Geltung bringt.

Elegant beugt sich die in ein rosa Blütenkleid gehüllte Tamariske *(Tamarix parviflora)* über eine weißgekalkte Gartenmauer.

Eine Frage, die man sich während eines Spaziergangs durch die meisten mitteleuropäischen Gärten immer wieder stellen muß, lautet: Warum müssen Mauern bei uns eigentlich so kalt und abweisend, ja häßlich aussehen? Dabei gibt es auch hier ein ebenso probates wie einfaches Mittel zur Schaffung einer mediterran-heiteren Atmosphäre: die Farbe. Bereits der aufhellende Anstrich einer von Ruß geschwärzten Ziegelsteinmauer oder durch Wasser- und Rostflecken verunstalteten Betonwange kann wahre Wunder wirken. Setzt man dazu noch an den Mauerfuß ein halbes Dutzend raschwüchsiger *Clematis*-Hybriden oder die kräftige, rot blühende Trompetenblume *(Campsis radicans)*, ist der geeignete Rahmen für südliche Garteninspirationen schon geschaffen. Übrigens: Auch warme Pastelltöne verleihen einer Gartenmauer den gewissen »ésprit« und bieten zugleich viele farbige Kombinationsmöglichkeiten mit blühenden Pflanzen.

Die Natursteinverwendung hat in Südeuropa eine jahrtausendealte Tradition. So werden dort Trockenmauern – sie werden ohne Mörtelzusatz und tiefer liegende Fundamente errichtet – seit jeher als Feldbegrenzung oder zur Hangsicherung aufgeschichtet. Zwar ist die Herstellung solcher Trockenmauern hier und heute recht arbeitsintensiv und kostspielig – es sei denn, man mag selbst Hand anlegen –, doch bieten die dabei entstehenden breiteren Mauerfugen, mit etwas Erde aufgefüllt, zahlreichen Stauden einen attraktiven Lebensraum. Dazu zählen folgende Pflanzen, die einen sonnigen Standort voraussetzen:

Natursteinmauern dienen als Wind- und Sichtschutz oder dazu, einen Geländesprung zu überwinden.

Fern von jeglichem Alltagsstreß genießt man inmitten blühender Stauden und Kletterpflanzen Sommer, Sonne und das pure Leben.

Lauben aus Metall oder Holz lassen sich schon innerhalb weniger Jahre in uneinsehbare Sitzplätze verwandeln.

Eine Anmerkung zum Schluß: Eine Gartenmauer ist keine Zimmerwand, das heißt, sie muß in aller Regel nicht millimetergenau gefluchtet und lotrecht nach DIN errichtet werden. Ist es nicht insbesondere der Charme des oftmals Unvollkommenen und Improvisierten, der uns an der ländlichen Architektur der Toskana oder Provence so sympathisch erscheint? Und mit den Jahren an einigen Stellen abgebröckelter Mauerputz verleiht dem Ganzen doch erst die rechte Patina.

Übersicht über Farben und Blütezeit verschiedener Pflanzen

Pflanze botanische/	deutsche Bezeichnung	Blütenfarbe	Blühzeit
Aethionema grandiflora	Steintäschel	rosa	Mai
Alyssum saxatile	Steinkraut	gelb	April – Mai
Arabis caucasica	Gänsekresse	weiß	März – April
Armeria maritima	Grasnelke	rosa	Mai
Bouteloua gracilis	Moskitogras	bräunlich	Juli – September
Campanula cochleariifolia	Zwergglockenblume	hellblau	Juni – August
Dianthus gratianopolitanus	Steinnelke	rot	Mai – Juni
Draba aïzoides	Hungerblümchen	gelb	März – Mai
Euphorbia myrsinites	Walzenwolfsmilch	gelb	Mai – Juni
Geranium dalmaticum	Storchschnabel	rosa	Juni – Juli
Gypsophila repens	Schleierkraut	grauweiß	Juni – August
Iberis saxatilis	Schleifenblume	weiß	April – Mai, September
Iberis sempervirens	Schleifenblume	weiß	Mai
Inula ensifolia 'Compacta'	Zwergalant	gelb	Juli – August
Leontopodium alpinum	Edelweiß	weiß	Juni – August
Linum flavum 'Compactum'	Goldflachs	gelb	Juni – August
Linum perenne	Alpenlein	hellblau	Juni – August
Morina longifolia	Kardendistel	weiß-rosa	Juli – August
Opuntia polyacantha	Feigenkaktus	gelb	Juni – Juli
Phlox subulata 'Moerheimii'	Teppichphlox	lila-rosa	April – Mai
Primula x hortensis	Gartenaurikel	lila-weiß	Mai – Juni
Saponaria ocymoides	Seifenkraut	rosa	Mai – Juli
Saxifraga aïzoon	Steinbrech	weiß	Mai
Sedum album 'Murale'	Mauerpfeffer	rosa	Juni – August
Sempervivum arachnoideum	Hauswurz	karminrot	Juli
Silene maritima	Leimkraut	weiß	Juni – August
Veronica incana	Ehrenpreis	blau	Juni – Juli
Für schattige Standorte eignen sich:			
Androsace sarmentosa	Mannsschild	rosa	Mai
Corydalis lutea	Lerchensporn	gelb	Mai – Oktober
Lewisia cotyledon	Bitterwurz	weiß-rosa	Juni – August
Linaria cymbalaria	Leinkraut	blau-gelb	Juni – September
Saxifraga x apiculata	Polstersteinbrech	gelb	März – Mai
und folgende Farne:			
Asplenium trichomanes	Steinfederfarn		
Polypodium vulgare	Tüpfelfarn		

Ton in Ton präsentiert sich eine Gartenbank neben einem Hochbeet aus Natursteinquadern und Natursteinplattenbelag.

Zauber des Südens: Kübelpflanzenarrangement aus Schmucklilie *(Agapanthus praecox)*, Lavendel *(Lavandula angustifolia)*, Basilikum *(Ocimum basilicum)*, Rosmarin *(Rosmarinus officinalis)*, verschiedenen Orangenbäumchen und einer Petticoatpalme *(Washingtonia robusta)*.

Erhöht über dem Gartenparadies sitzt es sich gut.

Hortensien entwickeln sich vor allem dann zu üppigen Sträuchern, wenn sie sonnenabgewandt, im Schutz von Hauswänden, stehen können.

Auswahl mehrjähriger Kletterpflanzen für südlich inspirierte Gärten

Pflanze		Standort			Wuchs
botanische/	deutsche Bezeichnung	sonnig	halbschattig	schattig	
Actinidia	Kiwi oder Strahlengriffel	●	●		mittel
Akebia	Akebie	●	●		rasch
Aristolochia	Pfeifenwinde		●	●	mittel
Campsis	Trompetenblume	●			mittel
Clematis-Hybriden	Waldrebe	●	●		rasch
Hedera	Efeu		●	●	langsam
Hydrangea	Kletterhortensie		●	●	mittel
Jasminum	Winterjasmin	●	●		langsam
Lonicera	Heckenkirsche		●		mittel
Parthenocissus	Wilder Wein	●	●		rasch
Passiflora	Passionsblume	●			rasch
Rosa	Kletterrose	●			rasch
Vitis	Wein	●			rasch
Wisteria	Wisterie	●	●		rasch

Plätze

Ob lauschige Sitzecke unter dem Schatten eines Baumes oder plattengedeckte Terrasse in unmittelbarer Nähe des Hauses – Plätze bilden zentrale Gestaltungselemente eines jeden Gartens und sollten dementsprechend sorgfältig ausgewählt und geplant werden. Dabei sind vollschattige Bereiche ebenso ungünstig wie gänzlich offene, südexponierte Areale, auf die im Sommer erbarmungslos die Sonne niederbrennt. Als ideal erweisen sich dagegen Südost- bzw. Südweststandorte.
Eine mediterrane Atmosphäre schafft man bei Gartenplätzen manchmal schon mit einfachsten Mitteln: Blühende Kletterpflanzen, die an einer weißen Mauer emporranken, um sich von dort aus über eine in freundlichen Farben gestrichene Pergola auszubreiten, sehen nicht nur wunderschön aus. Sie verströmen mitunter auch noch einen herrlichen Duft.

Ein Plätzchen zum Träumen: Blühender Sommerflor in Töpfen, Trögen und Kübeln – der Inbegriff warmer Sommertage auf Balkon und Terrasse.

Heiter und abwechslungsreich präsentieren sich die bunten Keramikbodenfliesen in dem verwitterten Natursteinbelag.

Selbst im Stufenantritt einer Treppenanlage übernimmt Keramik gestalterische Funktionen.

Genauso wichtig ist jedoch die passende Materialwahl des Bodenbelags. Vermeiden Sie in jedem Fall »Konfektionsware«, also die üblichen grauen Betonpflastersteine und -platten vom Baumarkt. Phantasievollere Lösungen sind handwerklich vielfach ebensoleicht zu bewältigen. Ganz schlicht und einfach, aber dennoch elegant und wirkungsvoll ist eine weiße Kiesschüttung auf einem fachgerecht erstellten Unterbau (zum Thema »Erdplanum, Unterbau und Oberflächenentwässerung« gibt es zahlreiche, praxisorientierte Gartenbücher). Beeindruckender, doch recht teuer und schwierig zu bearbeiten sind die schweren, spaltbaren Natursteine wie Gneis, Porphyr oder Granit. Nur mittlere Anforderungen an Muskelkraft und handwerkliche Fertigkeiten stellen dagegen Kalk- und Sandsteine, die sich mit einer elektrischen Steinsäge auf das gewünschte Maß zurechtschneiden lassen. Eine südliche Note schaffen auch Mosaiksteinpflaster oder bunte, in einen ordnenden Belag aus roten Ziegeln oder Terrakotta eingesprenkelte Keramiken, wie man sie beispielsweise noch heute in den maurischen Gärten Spaniens und Portugals finden kann. Höchst individuell und dabei überaus preiswert: ein Materialmix aus Restbeständen verschiedener Platten und Pflastersteine. Zeigen Sie auch hier ruhig Mut zur Farbe!

Hat man keine wertvollen Keramikplatten zur Verfügung, kann man auch mittels Farbe ein Muster in den Belag malen. Leider tritt sich dieses im Laufe der Jahre ab und muß öfter erneuert werden.

In den maurischen Gärten Spaniens und Portugals findet man noch sehr häufig die Kombination aus Naturstein und Keramikbodenfliesen.

Wege und Treppen

Wege dienen zum einen als Verbindungsstrecken zwischen den einzelnen Gartenbereichen, können andererseits aber auch ein dekoratives Gartenelement darstellen. Die Begriffe »Lustwandeln« oder »Müßiggang« verweisen noch auf jene Zeiten, als man gemessenen Schrittes durch die Gärten spazierte, ohne dabei unbedingt ein Ziel anzusteuern. Mittlerweile sind unsere Gartenwege zu gradlinigen »Verkehrswegen« degradiert worden – sie müssen den Zweck erfüllen, uns möglichst schnell vom Gartenpunkt A zum Gartenpunkt B zu befördern. Dagegen wirken schmale, verschlungene Pfade, die beidseitig von einer üppig-wilden Flora gesäumt werden, um dann irgendwo im »Nichts« einer undurchdringlichen Hecke zu enden, wie wahre »Traumpfade«. Auch eingegrabene oder kammartig erhöhte Wege lockern jedes noch so starre Planungskonzept auf, und wozu eigentlich bedarf es zusätzlicher Trittplatten auf einem Spiel- und Sportrasen?
Anders als in einem Nutzgarten muß innerhalb eines Ziergartens nicht jeder Quadratmeter erreichbar sein. Unzugängliche Gartenareale dank dichtgeschlossener Pflanzung suggerieren – gerade in kleineren Gärten – viel eher Weite als bis an die Zaungrenze herangeführte Terrassen oder Rasenflächen.

Stufen und Mauern sind gleichen Materials und wirken deshalb harmonisch und ruhig.

In Treppenanlagen eingebaute Podeste entschärfen optisch ihre Steilheit.

In großen, parkähnlichen Gärten darf ein Weg dagegen durchaus repräsentieren. Das gleiche gilt für Treppenanlagen: Sie können – wie ihre Vorbilder aus italienischen Renaissancegärten – sogar zum alles bestimmenden Gestaltungselement werden. Ihre Symmetrie betonen zusätzliche Sockel und Balustraden. In kleinen Gärten erfüllen geschickt plazierte Pflanzkübel den gleichen Zweck (siehe dazu auch »Gartenausstattung und Accessoires«, Seite 31).
Bei Wegen und Treppenanlagen ist die Wahl des Belags gleichfalls von Bedeutung; dieser sollte sich immer dem Gartenstil anpassen und vor allem mit dem Wohnhaus und den Terrassen harmonieren. Nebenwege oder einfache Pfade sind möglichst unauffällig zu gestalten. Hier reicht beispielsweise eine unverdichtete Anschüttung mit Rindenmulch völlig aus.

Wasser als Gestaltungselement

Schon seit frühesten Zeiten siedelt der Mensch in der Nähe des Wassers. Die bedeutendsten Kulturen entstanden an den Meeresküsten, an den Ufern von Seen und Flüssen. Schon die Gärten der Assyrer und Byzantiner zierten Teiche und gemauerte Bassins; die Perser ahmten mittels sich kreuzender Kanäle die vier Flüsse des Paradieses nach. Die Mauren schließlich perfektionierten die Kultur des Wassers, indem sie das »nasse Gold« in allen nur denkbaren Formen variierten: In der Lebendigkeit eines sprudelnden Strahles oder in der majestätischen Ruhe einer marmornen Brunnenschale; in der geheimnisvollen, unergründlichen Dunkelheit eines mit Moos bewachsenen Beckens oder als fröhlich dahinplätscherndes Rinnsal inmitten dunkelgrüner Buchsbaumhaine – die Allgegenwärtigkeit des Wassers ist ein untrügliches Merkmal der islamisch-maurischen Gartenkunst. Noch heute zeugen davon die herrlichen Gärten des Generalife in Granada oder des Alcázars von Sevilla.
Die für jede Architektur so entscheidende Einheit von Baukörper und Garten läßt sich mit Hilfe des Gestaltungselements »Wasser« eindrucksvoll realisieren. Da Wasser niemals statisch anmutet, ist dessen Wirkung auf das menschliche Auge von einer ganz besonderen Eindringlichkeit. Der Blick wird lenkbar, und der Gartengestalter vermag so die Aufmerksamkeit des Betrachters auf das Wesentliche zu konzentrieren oder weniger Bedeutsames optisch zu kaschieren.

In einem Landschaftsgarten ist der Gartenteich ein »Muß«. Pflasterflächen bis zum Uferbereich ermöglichen einen direkten Zugang.

Gartenflächen, die durch Teiche größeren Ausmaßes getrennt sind, können mit Hilfe von Brücken miteinander verknüpft werden.

Die Uferbepflanzung des Teichs ist so dicht, daß man die eigentlichen Ausmaße der Wasserfläche nicht mehr erkennen kann.

Die meisten dieser für uns typisch südlichen Schmuckelemente lassen sich – mit Augenmaß und etwas Einfallsreichtum – auch in unsere heimischen Gärten integrieren. Haben Sie Geduld bei der Suche nach den »richtigen Stücken«: Der während einer Spanienreise in einem kleinen Bergdorf erstandene Terrakottatopf wird Ihnen langfristig sicher mehr Freude bereiten als ein im Baumarkt rasch besorgter Pflanzkübel »von der Stange«.

Gartenausstattung und Accessoires

Das viel zitierte Tüpfelchen auf dem »I« einer rundum gelungenen Gartengestaltung bilden oftmals architektonische Details wie Pergolen, Lauben, Brunnen und Wasserbecken. Sie verleihen dem Garten die persönliche Note, sie prägen seinen Stil und betonen die zugrundeliegende Idee. Mobile Schmuckelemente – dazu zählen beispielsweise Skulpturen, Töpfe und Kübel, Kunstgegenstände, aber auch erlesene Gartenmöbel – bieten zudem den Vorteil, daß man sie je nach Belieben (eventuell entsprechend der Jahreszeit) umstellen und umtauschen kann. Insbesondere in kleinen Gärten ist bei der Verwendung von Gartenaccessoires jedoch Vorsicht geboten: Die ausgewählten Objekte sollen stilistisch unterstreichen, aber niemals übertönen! Viele der bekannten historischen Gärten des Mittelmeerraumes werden wesentlich von ihrer Ausstattung bestimmt. Wie reduziert und sinnentleert würde der prachtvolle Park der Villa d'Este in Tivoli ohne seine Wasserkünste wirken, oder wo bliebe die Intimität des zauberhaften Gartens der Villa del Balbianello an den Ufern des Comer Sees ohne die aufs Wasser hinausschauenden Skulpturen?

Die Form und das Ausmaß eines Laubenganges sollten sich auf jeden Fall nach den stilistischen Vorgaben des Gartens und nach seiner Größe richten. Die Wahl des Materials hängt letztendlich davon ab, ob er mit wuchernden Kletterpflanzen dicht eingegrünt oder mit zartwachsenden Windern und Schlingern nur leicht umwoben werden soll.

Lauben und Pergolen

Wichtig ist ihre Plazierung! Ein weitläufiger, von ausgedehnten Rasenflächen bestimmter Garten verlangt oft nach einem visuellen Zielpunkt; Lauben oder Pergolen schaffen hier Abhilfe. Form und Ausmaß der Konstruktion sollten Sie nach den stilistischen Vorgaben des Gartens und Ihren eigenen Vorlieben bestimmen, die Wahl des Materials hängt dagegen letztendlich von der beabsichtigten Nutzung ab. Soll es der lauschige Arbeitsplatz in der Abgeschiedenheit einer stillen Gartenecke sein (möglichst noch mit elektrischen Anschlüssen für Licht, Telefon und Schreibmaschine), dann ist eine geschlossene und rundum verglaste Gartenlaube sicherlich die geeignetste Lösung. Wünschen Sie sich jedoch nur ein stilvolles Plätzchen für gelegentliche sommerliche Teestunden und Grillabende, wird eine Pergolaüberdachung, dicht überzogen mit Efeu oder Waldreben, auch ausreichen. Südlichen Charme erhalten Pergolen wie Lauben durch einen hellen und freundlichen Anstrich – wobei dies nicht gleichbedeutend mit weißer Farbe sein muß. Zarte Pastelltöne – in harmonischer Verbindung mit den Farben der sie umgebenden Blütenpflanzen – machen aus Ihrem »Wohnzimmer im Garten« etwas ganz Besonderes.

Schalenbrunnen plaziert man gerne vor große, zum Garten ausgerichtete Fenster, in die Nähe von Sitzplätzen oder als Betonung in Kreuzungen von Gartenwegen.

Wasserbecken in Innenhöfen vermitteln Ruhe und Harmonie und schaffen ein angenehmes Klima.

Brunnen und Bassins

Die gestalterische Einbindung von Wasser charakterisiert die meisten südlichen Gärten. Dort, in den ariden Regionen des Mittelmeerraumes, symbolisiert das Wasser – zumal in der ausschließlich dem Dekor dienenden Verwendung innerhalb eines Gartens – seit jeher Reichtum und Macht seines Besitzers. Damals wie heute gilt dabei: Der Umgang mit Wasser sollte dem Garten stets angemessen sein. Ein kleiner Gartenhof wirkt dank eines dezent sprudelnden Strahls über der flachen Schale eines bodennahen Brunnens sofort lebendiger. Im großen Garten unterstreicht viel eher die majestätische Ruhe eines langgestreckten Wasserbeckens die Weitläufigkeit der Umgebung. Bei der Materialverwendung sind – wie der Phantasie des Planers – keine Grenzen gesetzt: Ob Natur- oder Kunststein, Holz oder Metall, Terrakotta oder Bambus. Niemand ist also auf die ebenso schmucklosen wie ökologisch wertlosen Fabrikprodukte (schwarze Plastikwannen in Nierenform!) der Garten- und Baumärkte angewiesen.
Bewegtes Wasser setzt den Einsatz einer Pumpe voraus. Diese sollte bezüglich ihrer Kapazität der zu bewältigenden Wassermenge angepaßt sein. Unterwasserpumpen sind recht kostspielig, in der Regel aber langlebiger. Zudem benötigen sie weniger Platz und können auch während des Winters draußen bleiben.
Wer gar von einem richtigen Wassergarten träumt, ist gut beraten, wenn er schon in der Entwurfsphase einen Gartenarchitekten hinzuzieht. Vorschnelle, eigenverantwortliche Fehlplanungen und -einkäufe können nämlich rasch sehr viel Geld kosten.

Eingebettet in ein aufwendiges Belagsmuster aus Steckkiesel, sprudelt der niedrige Schalenbrunnen munter vor sich hin.

Dem Schöpfbrunnen wird in seiner Verwendung viel zu wenig Beachtung geschenkt. Vorwiegend findet man ihn in Hausnähe oder inmitten eines Nutzgartenbereichs.

Die flach gehaltenen Schalen des Kaskadenbrunnens aus Gußeisen geben das Wasser sofort nach unten weiter. Die Wasservorhaltung kann dadurch relativ gering bemessen werden.

Formvollendung in der Gartengestaltung: Der akkurat angeordnete Steckkieselbelag schmiegt sich wie ein Band um das kleine, flache Wasserbecken aus Naturstein.

Kübel und Töpfe

Sie sind ebenso wichtig wie die Pflanzen selbst, denn auch die Arrangements verschiedener Töpfe, Tröge und Kübel gehorchen gestalterischen Grundregeln. Dabei wirken kleinere Gruppen von drei oder fünf Pflanzkübeln immer besser als zwei nebeneinander gestellte Behälter. Anders verhält es sich, wenn Topfreihen den geraden Verlauf eines Weges oder ein Treppenpodest flankieren. Bei klassischen und symmetrischen Gartenformen sind strenge, formelle Plazierungen eher angemessen; organischen Grundrissen entsprechen mehr lockere, wie zufällig angeordnete Gruppierungen.

Töpfe, Tröge oder Kübel haben ihre optimale Wirkung, wenn sie in Gruppen von drei bis fünf Stück stehen. Klassische und symmetrische Gartenformen erfordern jedoch strenge, formelle Anordnungen.

Eine mediterrane Pflanzengesellschaft in Terrakottagefäßen, bestehend aus Orangenbäumchen und -sträuchern, Oleander sowie farbenfrohem Sommerflor, gibt sich ein Stelldichein.

Figürliche Skulpturen im Garten zu verwenden, verlangt enorm viel Fingerspitzengefühl.

Bei der Wahl der Pflanzgefäße sollte – neben den rein funktionellen Anforderungen von Größe, Durchmesser und Transportfähigkeit – das vorherrschende Gartenambiente gestalterisch zugrundegelegt werden. In einem fernöstlich inspirierten Wassergarten mit Kiesbeeten und Bambushainen wirken asiatische Keramiken oder Körbe aus Strohgeflecht immer stilsicher; für den von weiß gekalkten Mauern umgebenen, intimen Gartenhof nach andalusischem Vorbild sind brandrote oder farbig lasierte Terrakottatöpfe passend. Bedenken Sie bereits beim Kauf der Gefäße, welche Pflanze später darin Platz finden soll. Dabei spielen neben der Farbkombination von Topf und Pflanze auch die maximale Wuchshöhe und -intensität eine entscheidende Rolle.
Ein hohes Gewicht stellt bei Terrakottakübeln in der Regel ein Qualitätsmerkmal dar. Fragen Sie Ihren Händler unbedingt nach der Frostbeständigkeit seiner Töpferwaren. Ist diese gewährleistet, kann man große und schwere Tröge während des Winters draußen lassen und muß dann nur die Pflanzen einräumen.

Skulpturen und anderer Gartenschmuck

Jeder, der schon einmal mit dem Auto durch die touristisch erschlossenen Regionen Italiens oder Spaniens gefahren ist, wird sich an die Verkaufs- und Werkstätten »originaler Gartenkunst« erinnern, die sich dort zu Dutzenden entlang der Landstraßen aufreihen. Da werden dem Reisenden unzählige »römische« Säulen, Engel und Putten, kauernde Löwen und wasserspeiende Fische aus Gips und Ton zum Tagespreis angeboten – »bella Italia«, maßgeschneidert für den heimischen Kaminsims oder Gartenteich …
Mit der massiven Installation derartiger Erzeugnisse kann man die gelungenste Gartenarchitektur im Handumdrehen zunichte machen. Denn kaum etwas verlangt mehr Fingerspitzengefühl als die wahrnehmbare, aber dennoch dezente Aufstellung von Gartenschmuck. Auch hier gilt: Lassen Sie sich Zeit mit der abschließenden Möblierung Ihres Gartens. Wirklich schöne Stücke sind nicht nur schwer zu finden (und teuer dazu), sondern sie verlangen auch einen entsprechend wirkungsvollen Platz im Garten. Skulpturen wirken – zur Hälfte hinter dichtem Blätterwerk von Efeu oder Wildem Wein versteckt – wie Fabelwesen aus unseren Kindheitsträumen. Der Blick des Betrachters sollte dabei behutsam gelenkt werden und ihm überraschende Momente offenbaren.
Daß diese Gestaltungsprinzipien nicht nur auf die klassischen Gärten Südeuropas zutreffen, sondern auch in unseren nördlichen Breiten anwendbar sind, sollen die nachfolgenden Gartenbeispiele aufzeigen.

Kugeln und Standkugeln in unterschiedlichen Größen bilden ein reizvolles Ensemble.

Durch seine stattliche Größe ist der Obelisk auch aus der Entfernung gesehen ein charmanter Akzent zwischen Stauden und Gehölzen.

Skulpturen in Menschengestalt suggerieren die Anwesenheit weiterer »menschlicher Wesen« im Garten und verbreiten dadurch eine geheimnisvolle, romantische Stimmung.

In südlichen Ländern werden Geranien als Fensterschmuck nicht in Kästen, sondern in einzelne Tontöpfe gepflanzt und mittels besonderer Halterungen an die Fenster gehängt.

Unten:
Mit Hilfe von Etagenregalen aus Metall läßt sich auch auf kleinen Balkonen und Terrassen eine Vielzahl an Kübelpflanzen unterbringen.

Das Atrium – eine Reminiszenz an die mediterrane Gartenkunst

Es dürfte wohl der Traum eines jeden Gartenarchitekten sein, gemeinsam mit seinem Auftraggeber – stets auf der Suche nach neuen Inspirationen – die bedeutendsten Parks und Gärten Europas zu bereisen, um dann die so gewonnenen Erfahrungen in die geplante Gartenanlage einfließen zu lassen.

Für den Düsseldorfer Landschaftsarchitekten Horst Schümmelfeder ging dieser Traum in Erfüllung. Die ebenso ungewöhnliche wie fruchtbare Zusammenarbeit zwischen Planer und Bauherrin begann vor etwa zwölf Jahren, als er den Auftrag erhielt, die Atrium-Terrasse eines herrschaftlichen Bungalows umzugestalten. Die großzügig bemessene Grundstückslage hatte es der Eigentümerin ermöglicht, einen weitläufigen Park (ca. 15 000 qm) nach englischem Vorbild anlegen zu lassen – was nicht verwundert, wenn man erfährt, daß sie als gebürtige Engländerin in einem solchen aufgewachsen ist. Einige Bäume sind bereits mehr als vierzig Jahre alt und bilden jetzt eine prächtige Kulisse für die hinzugekommenen Gestaltungselemente.

Vor die Entscheidung gestellt, den Innenhof entweder in aller Schlichtheit dem landschaftlichen Charakter des Gartens anzupassen, oder einen bewußten Kontrast dazu zu schaffen, entschied sich das »Team«, bestehend aus Architekt und Auftraggeberin, schließlich für die zweite Variante.

Umgeben von den üppigen Blattmassen einer Funkie *(Hosta)* und eines Schaublattes *(Rodgersia)*, steht diese Skulptur im kühlen Schatten heißer Sommertage.

Rechts:
Diesen streng symmetrisch gestalteten Atrium-Garten, mit freiem Blick auf eine großzügige Parkanlage, genießt man sicherlich nicht nur bei Sonnenschein, selbst an Regentagen ist er für das Auge ein Genuß.

Die Atrium-Terrasse, die von drei Seiten durch die Mauern und Glasfronten des Wohnhauses begrenzt ist, öffnet sich in südlicher Richtung zum Garten hin. Um diesen herrlichen Ausblick zu erhalten, gleichzeitig jedoch die intime Atmosphäre eines in sich geschlossenen Bereichs zu unterstreichen, entstand an dieser Stelle eine lichte Konstruktion aus Betontragpfeilern auf Säulen, die nunmehr dem verschlungenen Astwerk einer kräftigen Glyzine *(Wisteria sinensis)* Halt und Entfaltungsfläche bieten. Während der Wintermonate erfüllt heimischer Efeu diese dekorative Funktion. Beide werden von Unterpflanzungen aus Elfenblume *(Epimedium)* und einer, hier allerdings strauchförmig wachsenden, Kletterhortensie *(Hydrangea anomala* ssp. *petiolaris)* begleitet. Den architektonischen Mittelpunkt des Atriums bildet ein quadratisches, gemauertes Wasserbecken. Dessen zentrale Bedeutung wird durch ein umlaufendes Band hochkant verlegter Feldbrandklinker nochmals betont – ein überaus spannungsreicher Kontrast zu den diagonal angeordneten Schieferplatten, die den übrigen Terrassenbereich bedecken. Vier kugelförmig geschnittene Buchsbäumchen *(Buxus sempervirens)* akzentuieren das Bassin und verleihen der strengen, geometrischen Formensprache eine heitere »italienische« Note. Zum südlich-mediterranen Ambiente trägt während des Frühjahrs und Sommers ein buntes Sortiment verschiedener Kübelpflanzen bei: In Terrakottatöpfen aus dem toskanischen Impruneta gepflanzt, gedeihen dann Geranien, Fuchsien, Schmucklilien, Hortensien und Funkien *(Hosta undulata* 'Albomarginata'). Herausragend wirkt ein herrliches Exemplar von *Magnolia sieboldii*, während im Herbst die tiefrote Färbung von *Acer palmatum* und die kobaltblauen, bohnen-ähnlichen Früchte einer *Decaisnea fargesii* jahreszeitliche Akzente setzen. Neben der Liebe zu Pflanzen zeichnet sich die Eigentümerin auch durch ihren Kunstverstand aus.

Unterhalb des Architravs lädt ein »besetzbares« Objekt der amerikanischen Künstlerin Jenny Holzer zur beschaulichen Rast ein. Früher schmückte auch noch die Bronzeplastik eines »Mädchens mit Taube« des inzwischen verstorbenen Hamburger Bildhauers Jörn Pfab das Atrium, doch wurde diese Plastik mittlerweile in den Garten hinübergeschafft, wo sie nun den romantischen Teich überblickt. Zu ihr gelangt man über einen schmalen, mit Steinplatten gedeckten Weg, der von der Atrium-

Große, ausladende Baumkronen lassen interessante Licht- und Schattenspiele auf dem Rasen entstehen.

Terrasse rechts ums Haus herumführt. Der Teich wurde vor etwa zehn Jahren – sozusagen als zweite Phase der Gartenrenovation – neu angelegt, nachdem die vormalige, aus mehreren Schichten Dachpappe geformte Teichanlage undicht geworden war. Hier galt es, einer mächtigen Sumpfzypresse *(Taxodium distichum)* den nötigen optischen Freiraum zu verschaffen und die Wasserfläche dementsprechend großzügig zu gestalten. Dieser recht schattige Bereich bildet jetzt einen idealen Kontrapunkt zu der sonnenverwöhnten Atrium-Terrasse. Das Teichufer ist im Verlauf der Jahre ganz natürlich mit Kreuzkraut *(Ligularia)*, Funkien *(Hosta)*, Iris, Frauenmantel *(Alchemilla)*, Schaublatt *(Rodgersia)* sowie einem bemerkenswerten Mammutblatt *(Gunnera chilensis)* eingewachsen. Die Böschung zur Schwimmhalle ist mit Katzenminze *(Nepeta* x *faassenii)* und Exemplaren der Strauchrose 'Apricot Nectar' bepflanzt.

Vor dem Besucher liegt nun der parkähnliche, landschaftliche Teil des Gartens. Hier wurde bewußt auf die Anlage von Wegen verzichtet – frei von vorgeschriebenen Routen läßt sich ein Park wie dieser immer wieder auf eine ganz neue, spannende Art »entdecken« (ein Konzept, das viele vergleichbare Gärten zweifellos aufwerten würde). Der traditionellen Form eines Landschaftsgartens entspricht dagegen die weitläufige, tadellos gepflegte Rasenfläche, die an mehreren Stellen von großzügigen »Pflanzeninseln« unterbrochen wird. Auf diese Weise baut sich eine räumliche Abfolge auf, die dazu verleitet, immer weiter in den Gartenraum vorzudringen. So gelangt man deshalb auch eher zufällig zu dem hinter hohen Büschen versteckt liegenden Stauden- und Rosengarten. Trotz der Abschirmung durch Gehölze wie dem Runzelblättrigen Schneeball *(Viburnum rhytidophyllum)*, Wacholder *(Juniperus)*, dem rotblättrigen Perückenstrauch *(Cotinus coggygria)* und einem hohen Taschentuchbaum *(Davidia involucrata* var. *vilmoriniana)*, ist dieser Bereich viele Tagesstunden der Sonne zugänglich. So können sich hier verschiedene, dem Mittelmeerraum entstammende Stauden wie Lavendel, Thymian und Salbei sehr gut entwickeln, zwischen denen wiederum Rosen wie 'The Fairy', 'Moonlight', 'Erfurt' und 'Centenaire de Lourdes' ihren Platz gefunden haben – während des Sommers ein stimmungsvolles »südliches« Szenarium aus Düften und Farben. Und alles in allem ein perfektes Arrangement aus englischer Parktradition und einem »Zitat« mediterraner Gartenkunst – so möchte man zumindest meinen. Aber eines scheint schon jetzt sicher: Architekt und Auftraggeberin werden in ihren Bemühungen fortfahren, diesen Garten zu dem zu machen, was er eigentlich bereits ist – ein überaus gelungenes Beispiel dafür, daß die Realisierung eines »südlichen Gartens« in nördlichen Breiten nicht zwangsläufig mit dekorativem Überschwang einhergehen muß.

Ab dem Frühjahr beleben Kübelpflanzen mit unterschiedlichen Blütenfarben- und Blattstrukturen die architektonisch strenge Atrium-Terrasse.

Eine mit Blauregen umgarnte Pergolakonstruktion aus Beton unterstützt die intime Atmosphäre des Atrium-Gartens, ermöglicht aber gleichzeitig einen großzügigen Ausblick in den Park.

Gesäumt von großblättrigen Schattenstauden, wie *Hosta, Rodgersia* und *Gunnera*, liegt der romantische Teich am Gehölzrand.

Kontrastreich stehen rote Pelargonien in Terrakottagefäßen neben einheimischen, winterharten Gehölzen. In den Wintermonaten müssen sie allerdings ins Gewächshaus.

Im Schutz schattenspendender Baumkronen breiten sich Schattenstauden wie Elfenblume *(Epimedium grandiflorum)* und Blattfunkien (*Hosta* ssp.) sowie Kletterhortensie *(Hydrangea petiolaris)* aus.

Ein von Rosen- und Lavendelduft umgebener Sitzplatz im Garten lädt immer zum Verweilen ein. Vor allem dann, wenn er so versteckt und uneinsehbar ist wie dieser hier.

Pflanzenporträts

Die Kletterhortensie

Die aus Asien stammende, sommergrüne Kletterhortensie *(Hydrangea anomala* ssp. *petiolaris)* zählt zu den wenigen selbstklimmenden Kletterpflanzen, was bedeutet, daß sie keinerlei Hilfen – wie Spanndrähte oder Gitterkonstruktionen – benötigt, um dank ihrer Haftwurzeln eine Höhe von bis zu zehn Metern zu erreichen. Dabei eignet sie sich vortrefflich zur Begrünung von Nordmauern, schattigen Lauben und Pergolen.
Ihre bis zu 25 cm großen, rahmweißen Doldenblüten entfalten sich von Ende Mai bis Anfang August an den Vorjahrestrieben. Von ihrer besonders attraktiven Seite zeigt sich die Kletterhortensie im Herbst, wenn ihre herzförmigen Blätter eine goldgelbe/orangerote Färbung annehmen.

Wie schon der griechische Name *Hydrangea* vermuten läßt, bevorzugt die Kletterhortensie einen eher feuchten Standort und dankt auch ansonsten eine reichliche Bewässerung (vor allem während heißer Sommermonate) mit gesteigerter Blütenfülle.
Diese Kletterpflanze sollte in unseren Gärten viel häufiger Verwendung finden, denn – wie beispielsweise auch das bekanntere Efeu *(Hedera helix)* – ist die ebenfalls selbstklimmende Hortensie vielseitig einzusetzen, wobei sie die bereits erwähnten Vorzüge (Blüte, Herbstfärbung) zusätzlich auszeichnen. Auch als dezente Hintergrundpflanze für farbenprächtigere Kübelpflanzen mit mittleren Lichtansprüchen wie Schönmalven *(Abutilon)* oder Passionsblumen *(Passiflora)* eignet sie sich hervorragend.
Die Vermehrung von Kletterhortensien erfolgt in der Regel durch Stecklinge oder Absenker.

Hydrangea anomala ssp. petiolaris
Kletterhortensie

Familie:	*Saxifragaceae*
Heimat:	Japan, Korea, Formosa
Wuchs:	Dank seiner Haftwurzeln bis zu 10 m hoch kletternder, breit ausladender Strauch mit rotbraunen, kahlen Zweigen
Blatt:	Sommergrün, herzförmig, bis zu 10 cm lang, sehr schöne, goldgelbe Herbstfärbung
Blüte:	Bis zu 25 m lange Dolden-Fruchtblüten, umgeben von außenstehenden, rahmweißen Randblüten
Boden/ Standort:	Schattige bis halbschattige, bei ausreichend Feuchte auch sonnige Standorte vertragend; möglichst windgeschützte Lagen
Verwendung:	Zur Begrünung von Bäumen, Mauern, Lauben und Pergolen; an glatten Hauswänden mit Kletterhilfen (Spanndrähte)
Besondere Hinweise:	Vermehrung durch Stecklinge oder Absenker.

Die Immergrüne Magnolie

In vielen Gärten und Parkanlagen des Mittelmeerraumes, aber auch an den Ufern der oberitalienischen Seen und im Tessin, ragen sie kegelförmig in den blauen Himmel, während ihre großen, dunkelgrünen Blätter metallisch im Sonnenlicht glänzen: Die Immergrüne Magnolie *(Magnolia grandiflora)* ist – wie die schlanken Zypressen auf den Hügeln der Toskana – ein Sinnbild des Südens, wobei sie eigentlich aus den Wäldern Nordamerikas stammt, wo sie eine Höhe von bis zu 25 m erreichen kann. In Südeuropa sind es »nur« 10 – 12 m (einige Exemplare dieses Ausmaßes findet man jedoch auch in den Weinorten des Oberrheins und am Bodensee). Gleichermaßen beeindruckend wirken ihre etwa 20 cm langen, glänzend grünen Blätter sowie die prachtvollen, rahmweißen und duftenden Blüten. Leider ist die Immergrüne Magnolie bei uns nur bedingt winterhart. Es empfiehlt sich eine Aufzucht als Kübelpflanze, wobei zu beachten ist, daß sie – gute Pflege vorausgesetzt – innerhalb weniger Jahre zu einem stattlichen und somit recht schwergewichtigen Gehölz heranwachsen kann. In den geschützteren Lagen Süddeutschlands muß sie jedoch nicht in jedem Winter eingeräumt werden, da sie Temperaturen von bis zu – 10 °C in der Regel schadlos übersteht. Wird es dann doch kälter, reicht ihr ein ungeheizter, dunkler Kellerraum als Winterquartier völlig aus. Überhaupt erweist sich die Immergrüne Magnolie als recht anspruchsloses Wesen – was aufgrund ihrer imposanten Erscheinung zunächst verwundern mag. Bei regelmäßiger Düngung erhält man in kurzer Zeit eine elegante und wertvolle Gartenpflanze, die – beispielsweise als Hintergrund für eine Skulptur oder Rahmengehölz an Wegen und Treppen – vor allem auch ein südliches Ambiente verbreitet.

Magnolia grandiflora
Immergrüne Magnolie

Familie:	*Magnoliaceae*
Heimat:	Nordamerika, Ostasien
Wuchs:	Südlich der Alpen, manchmal aber auch in warmen, geschützten Lagen des Oberrheins, bis zu 15 Meter hoher, stattlicher Baum, wird häufig zu Pyramiden geschnitten
Blatt:	Dunkelgrün, lederartig und glänzend; bei einer Länge von 20 cm sehr dekorativ und – wie der Name sagt – immergrün
Blüte:	Cremeweiß mit 6 bis 12 Kronblättern und bis zu 30 cm lang, dabei herrlich duftend
Boden/ Standort:	Möglichst sonnig, benötigt dann aber sehr viel Wasser
Verwendung:	Eines der schönsten Solitär-Gehölze überhaupt; wirkt besonders imposant in Einzelstellung auf einer gepflegten Rasenfläche
Besondere Hinweise:	Magnolien sollten vor kalten Winterwinden geschützt werden.

»Garten-Kunst« am alten Bahnhof

Skulpturen ziehen uns auf eine ganz besondere Weise in ihren Bann und verbreiten eine geheimnisvolle Stimmung.

Unweit der Landesmetropole Düsseldorf erstreckt sich in östlicher Richtung eine der landschaftlich wie auch kulturhistorisch interessantesten Regionen Nordrhein-Westfalens: das Neandertal. Hier lebte vor etwa 70 000 Jahren der berühmte »Neandertaler«, ein indirekter Vorfahr des Menschen. Von ihm und seiner noch überaus archaischen Lebensweise zeugt heute ein moderner Museumsbau, für dessen Außenanlage der bekannte Landschaftsarchitekt Richard Bödeker verantwortlich zeichnet. Er selbst lebt nur knapp fünfzig Meter von seinem derzeitigen Betätigungsfeld entfernt in einem alten, jedoch vorbildlich restaurierten Bahnhof. Die Chronik dieser wahrlich engen Beziehung zwischen Gebäude und Bauherr liest sich ebenfalls wie ein Stückchen Museumsgeschichte: 1962 kommt Bödeker aus Hannover ins idyllische Neandertal. Dort lebt er zunächst bei einer Cousine des Architekten Professor Wilhelm Hübotter zur Untermiete, bis er schließlich einen ausrangierten Hühnerstall findet, den er sich zu einer ersten eigenen Wohnung umbaut.

»Als die Bundesbahn das verfallene Toilettenhaus des Bahnhofs abbrechen wollte, kaufte ich es für einen relativ günstigen Preis. Ich ahnte nicht, daß der Ausbau das Dreifache des Kaufpreises verschlingen würde.« Aus der maroden Bedürfnisanstalt entsteht unter der Regie Bödekers ein Wohntrakt mit allem Komfort. 1979 mietet er das Bahnhofsgebäude hinzu, beginnt mit der

Für Fabelwesen und andere Kunstobjekte aus unterschiedlichsten Materialien läßt sich in jedem Garten ein geeigneter Platz finden.

Restauration der hinfälligen Bausubstanz und der Anlage von Gärten. Als er 1989 letztendlich das gesamte Anwesen erwirbt, hat sich das vormals so vernachlässigte, schmucklose Bahnhofsgelände bereits in eine blühende Wohn- und Gartenlandschaft verwandelt.
Noch heute bilden der Privatgarten (1 500 qm) sowie der kleinere Bürogarten (500 qm) für den renommierten Landschaftsarchitekten ein »ständiges Experimentierfeld«. Beide Gärten sind nach Süden bzw. Südwesten ausgerichtet, was trotz der üppigen Bepflanzung eine optimale Besonnung der Freiflächen gewährleistet. Man betritt die Gärten von der südlichen Zufahrt her durch ein beeindruckendes Gittertor, das aus den ehemaligen Fensterelementen der Essener Folkwang-Schule gefertigt wurde, und taucht unversehens in einen üppigen Pflanzendschungel ein. Von hier führt ein schmaler, gewundener Pfad zu einer Wiese, die während des Frühjahrs von einem weißen Teppich blühender Gänseblümchen *(Bellis perennis)* bedeckt ist. Die Randbepflanzung zur südlichen und westlichen Gartengrenze bildet einen dichten Sichtschutz »von innen nach außen«, so daß die Umgebung in dieser Richtung optisch gänzlich ausgespart bleibt. Dieser Eindruck, sich in einer »Oase unter blauem Himmel« zu befinden, wird noch durch das erhöhte Geländeniveau des Gartens im Vergleich zur dahinter verlaufenden Zufahrt gesteigert. Hier wurde mit einfachsten Mitteln (Erdanschüttung zuzüglich einer massiven Gehölzpflanzung in Blickrichtung) eine fast schon exotisch anmutende »Garteninsel« geschaffen, von der alle störenden Einflüsse (mit der Gartenidee konkurrierendes, »einheitliches« Straßenbegleitgrün, Verkehrslärm, unerwünschte Einsicht durch Passanten etc.) auf diese Weise ferngehalten werden. Zur Wiese hin weist dieselbe Pflanzung eine lockere, organische Form auf, so daß immer wieder kleinere, von drei Seiten mit Vegetation umgebene Gartenräume entstehen. Zwanglos im Garten verteilte Tische und Stühle bieten die Möglichkeit, solche Räume spontan zu »besetzen«.
Mit der Annäherung zum Wohnhaus nimmt der Garten formalere Züge an. Hier werden nun Einflüsse aus einer inzwischen dreißigjährigen Tätigkeit im Ausland, vor allem im Mittleren Osten, Japan und im Mittelmeerraum, deutlich spürbar. Wasser, das »flüssige Gold der Wüste«, nimmt so auch im Privatgarten Richard Bödekers eine dominierende Rolle ein. Die Südfassade des Hauses ist gänzlich von Wasser umgeben, und wie bei einer Wasserburg gelangt man von dieser Seite nur über eine schmale Holzbrücke ins Gebäudeinnere. Der Eingang wird von einer prächtigen Wisterie *(Wisteria sinensis)* fast vollständig bedeckt. Selbstklimmer wie der stark und rasch wachsende Efeu *(Hedera helix* 'Hibernica') überziehen auch die Mauerbrüstungen und Geländer an der Südwestfassade des Haupthauses. Hier, im ehemaligen Güterschuppen des

Links: Landschaftsmaler freuen sich über solche Motive: Romantisch liegt ein Boot am Rande eines Seerosenteiches, gesäumt von überhängenden Bambusarten.

Ein Tisch wartet auf Gesellschaft.

Bahnhofs, befinden sich heute die Geschäftsräume des Landschaftsplaners. Von seinem Büro aus genießt man einen einzigartigen Blick über den üppig umwachsenen Teich, der die beiden Gebäudetrakte funktionell voneinander trennt und gestalterisch zugleich verbindet. Überall im Garten finden sich – unter den Bäumen oder neben dichten Büscheln von Ziergräsern – Skulpturen und Plastiken namhafter Künstler, die den einzelnen Bereichen Authentizität verleihen und vom Kunstverstand des Eigentümers attraktives Zeugnis ablegen. Die zweite große Leidenschaft des Gartenarchitekten Bödeker gilt dem Bambus. Trotz des »Killerwinters« 1996/97 begann der Austrieb vieler Arten Mitte Mai programmgemäß. Als besonders widerstandsfähig haben sich dabei u. a. *Fargesia murielae, Fargesia nitida* sowie *Phyllostachys aureosulcata* und *Sasa kurilensis* erwiesen, während der Schwarze Bambus *(Phyllostachys nigra)* oder *Sasa veitchii* Halmschäden von bis zu 100% aufwiesen – sicherlich ein interessanter und verwertbarer Erfahrungsbericht für die zahlreichen Bambusliebhaber unter den Besitzern südlich inspirierter Gärten.

Die üppig wachsenden Kletterpflanzen Glyzine *(Wisteria sinensis)* und Pfeifenwinde *(Aristolochia macrophylla)* überziehen die Fassaden des Wohnhauses mit einem dichten Blätterkleid.

Westlich des Wohnhauses befindet sich ein mit Natursteinpflaster gedeckter Sitzbereich. Auch hier schirmen von Kletterpflanzen überwucherte Rankgerüste den Blick von der Wiese her ab. Nur von einem versteckten Gartenweg, der zu einem einfachen Geräteschuppen hangaufwärts führt, gewinnt man einen Einblick in diesen intimen Gartenraum, der von der Familie an lauschigen Sommerabenden genutzt wird – ein gelungenes Beispiel dafür, daß üppiger Pflanzenwuchs durchaus mit einem sonnenverwöhnten, südlichen Ambiente einhergehen kann. Für die nahe Zukunft ist die Erweiterung des Gartens östlich des alten Bahnhofs geplant. Und auch hier entkräftet Bödeker ein weitverbreitetes Vorurteil, denn aktiver Naturschutz und eine ansprechende Gartengestaltung müssen sich keineswegs ausschließen: »Ein trockener Südhang ist mit Stauden bewachsen und geht über in eine feuchte Wiesenmulde mit der entsprechenden Pflanzengesellschaft. Das Regenwasser der Dach- und Terrassenflächen wird hier versickern, nachdem es über zwei Brunnentröge und einen Dachlauf geflossen ist. Es wird Grund geben, sich über Regen zu freuen, weil es dann hier sprudelt. Die jahrelange Frosch- und Krötenwanderung, die zur Zeit – so wie jedes Jahr – zu den Teichen im Privatgarten stattfindet, wird hier ein Erweiterungsfeld finden in geschützterer Lage, weil keine Straßen zu überqueren sind.« Vorbilder dazu sind die Kunstinsel Hombroich, die Villa Celle in der Toskana oder Huntington Park in Kalifornien. »Kultur und Natur, Kunst, Pflanze und Garten – das ist das Anliegen.«

Hier genießt man den Garten in den Sommermonaten von einem geschützten Sitzplatz aus, der nur über einen schmalen Holzsteg und große, runde Betonsteine zu erreichen ist.

Ein grüner Dschungel, so weit das Auge reicht: Efeu *(Hedera helix)* läßt die Fassade verschwinden, üppig wachsende Stauden und Gehölze begleiten das Teichufer, selbst die Wasserfläche wird größtenteils vom Grün der Seerosenblätter vereinnahmt.

Pflanzenporträt

Granitpflaster, mit breiten Fugen verlegt, setzt sehr rasch Patina und Moos an.

Yucca
Palmlilie

Familie:	*Agavaceae*
Heimat:	Mexiko, Südosten Amerikas
Wuchs:	Je nach Art von einem halben Meter bis baumartig
Blatt:	Schwertartig und bis zu einem Meter lang. Die fleischigen Blätter besitzen eine harte Spitze (Vorsicht bei Kindern!)
Blüte:	Meistens weiß, in bis zu zwei Meter hohen Rispen. Es gibt aber auch rötlich blühende Sorten.
Boden/ Standort:	Stellt an den Boden kaum Ansprüche, wächst und blüht aber besser bei regelmäßigen Dünger- und Wassergaben.
Verwendung:	Solitär inmitten von flachen Gräsern oder Sukkulenten. Im Süden häufig auch in den Nischen sonniger Trockenmauern
Besondere Hinweise:	Nicht alle Yucca-Arten müssen während des Winters eingeräumt werden. Falls ja, sind sie mit einem hellen Fensterplatz zufrieden.

Die Palmlilie

Die Palmlilien *(Yucca)* zählen botanisch weder zu den Palmen noch zu den Lilien, sondern werden den Sukkulenten zugeordnet. In ihrer Heimat Mexiko und den südlichen Staaten der USA bilden sie mit rund 40 Arten in den sonst vegetationslosen Wüsten und Steppenregionen größere Bestände. Nach Europa kamen sie bereits im 16. Jahrhundert, wo sie, zusammen mit anderen Exoten aus Übersee, in den Orangerien der Schloßgärten gehalten wurden.
Auch heute gehören die Palmlilien bei uns zu den häufigsten Kübelpflanzen. Und das hat triftige Gründe: Sie gelten als extrem anspruchslos, weitgehend resistent gegen Krankheiten und Schädlingsbefall, sind relativ unempfindlich gegen Frost und wuchsfreudig. Vorsicht ist jedoch beim Kontakt mit ihren säbelartigen, kräftigen Blättern geboten!
Als Gartenpflanzen empfehlen sich unter anderem die Aloeblättrige Palmlilie *(Yucca aloifolia)* mit ihrem bis zu sechs Meter hohen Stamm; die mit ein bis zwei Metern deutlich zierlichere *Yucca gloriosa* sowie die Riesenpalmlilie *(Yucca elephantipes)*. Sie wird auf den Plantagen Mittelamerikas als Kulturpflanze angebaut. Von dort aus gelangen ihre Stämme nach Europa, wo sie in Fachgärtnereien bewurzelt, aufgezogen und schließlich als »fertige« Kübelpflanzen verkauft werden.
Die Überwinterung der meisten Sorten entspricht dem insgesamt problemlosen Umgang mit diesen dekorativen Pflanzen: Man stellt sie im Spätherbst einfach ins Haus und vergißt sie dort bis zum Frühjahr. *Yucca filamentosa* (mit 1,5 Meter hohen Blütenständen) kann sogar das ganze Jahr über draußen bleiben!

Ein Landschaftsgarten im Stadtbereich

Hinter dem leuchtend rot gestrichenen Tor öffnet sich für den Besucher eine »grüne Oase inmitten einer hektischen Welt«.

Eingebettet in den schmalen Talkessel eines Solinger Stadtteils, der bereits an das Auf und Ab des Bergischen Landes erinnert, liegt dieser fast 30 000 Quadratmeter umfassende Privatgarten. Als »eine Oase inmitten einer hektischen Welt« empfindet die Eigentümerin ihren trotz seiner enormen Ausdehnung heiter und verspielt anmutenden Gartenraum. Mag die Größe des zur Verfügung stehenden Grundstücks auch viele Besitzer »normal« dimensionierter Stadtgärten zum Träumen anregen – gemäß dem Motto: »Was könnte man da nicht alles machen!« – stellt sie den Planer doch eher vor das Problem »Wie kann ich diesen Raum gestalterisch, bei kontinuierlichem Qualitätsanspruch, ausfüllen?« Eine Möglichkeit ist sicherlich die, die Gestaltung eines solch großen Gartens in zeitlichen Abständen vorzunehmen, das heißt, ihn verschiedenen Planungsphasen zu unterwerfen. Genau das ist hier geschehen. Seit Beginn der Baumaßnahmen im Jahre 1968 wurde dieser Garten so allmählich »entwickelt«. Auf diese Weise kann auch der Eigentümer mit seinen gärtnerischen Vorlieben experimentieren, ohne sich sogleich auf einen bestimmten Stil festlegen zu müssen. So spiegelt dieser Garten denn auch unterschiedliche »Liebhaberphasen« wider, die sich in verschiedenen Pflanzaktionen ausdrücken. Begonnen hat das in diesem Fall mit Rhododendren und Azaleen sowie den dazugehörenden Moorbeetpflanzen. Es folgte eine »dendrologische Phase« mit der

Ein wesentlicher Bestandteil dieses Landschaftsgartens ist ein Bachlauf, dessen Uferbereiche von unterschiedlichsten Stauden und Gehölzen gesäumt sind. Über zahlreiche Steinstufen führt er zu einem Teich.

Pflanzung einiger Baumraritäten wie Kaiserpaulownie *(Paulownia tomentosa)*, Trompetenbaum *(Catalpa bignonioides)*, Götterbaum *(Ailanthus altissima)*, Tulpenbaum *(Liriodendron tulipifera)* und verschiedenen Mammutbaum-Arten *(Sequoia)*. Letztgenannte wurden kurz nach der Fertigstellung des Gartens aus der berühmten ehemaligen Sequoia-Farm von Dr. Martin in Kaldenkirchen bezogen, indem man seinerzeit spontan eine größere Anzahl Bäume aus der Konkursmasse erwarb und auf dem Grundstück plazierte. Heute präsentiert sich der Garten – als Resultat dieser unterschiedlichen Phasen – in einem entsprechend vielseitigen Gewand. Die im Verlauf von drei Dekaden entstandenen Teilbereiche sind mittlerweile zu einem stimmigen Ganzen verwachsen, wobei die einstigen Ideen und sich in den Jahren abwechselnden »Vorlieben« der Eigentümer dennoch deutlich erkennbar geblieben sind.

Man betritt den Garten durch ein auffälliges, in leuchtendem Rot gestrichenes Holztor und gelangt so in einen unverkennbar mediterran inspirierten Innenhof, der – ganz im »andalusischen« Stil – von weiß gekalkten Mauern umgeben ist. Zusammen mit der von dunkelgrünen Laub- und Nadelgehölzen wie Schneeball *(Viburnum lantana)* und Kiefern *(Pinus silvestris)* dominierten Randbepflanzung entsteht so ein kontrastreicher Hintergrund für eine Vielzahl südländischer Pflanzen, die in Kübeln oder Schalen über den Hof verteilt stehen. Die markanten

Blüten von Engelstrompete *(Datura)*, Korallenstrauch *(Erythrina)* oder der wegen ihrer köstlichen Früchte in südlichen Ländern oft gepflanzten, hier aber leider nur unzureichend bekannten *Feijoa (Acca) sellowiana* mögen hier nur beispielhaft erwähnt sein. Der Weg in den Hauptgarten führt durchs Haus, das vor ungefähr dreißig Jahren erbaut wurde. Vorher befand sich an dieser Stelle die Friedhofsgärtnerei des Großvaters der jetzigen Eigentümerin. Noch heute stehen im Garten die hohen Zedern, die damals die sonnenempfindlichen Jungpflanzen in den Beeten der Gärtnerei beschatteten. Wo einst Fuchsien, Stiefmütterchen und Geranien auf ihre Käufer warteten, erstreckt sich nun ein großzügiger Landschaftsgarten, der – so der erste Eindruck – auch ebensogut in die Haute Provence oder die italienischen Marken passen könnte. Der sorgsam gepflegte Rasen ist allseitig von hohen Bäumen umgeben, die jeden unerwünschten Einblick in den Garten von außen verhindern. Das natürliche Ost-West-Gefälle des Grundstücks wurde für einen natürlichen, vielfach gewundenen Bachlauf genutzt, der über zahlreiche Steinstufen zu dem schattigen Teich im Westen des Gartens führt. Von verschiedenen, scheinbar zwanglos angeordneten Sitzgruppen blickt man so über die flache Uferbepflanzung zu den Rhododendren und Azaleen im Hintergrund. Auch in unmittelbarer Nähe des Hauses vermittelt ein längliches Wasserbecken während der Sommermonate erfrischende Kühle.

Die überdachten Terrassen sind als »offenes Wohnzimmer« gestaltet; Holzstege, die von dort über ein Bett aus grobem Rollkies führen, reichen bis an die Wasserflächen heran und erweitern so optisch die mit südländischen Sitzmöbeln versehenen Loggien. »An den Abenden hört man hier nichts anderes als das Gezwitscher der Vögel. Die Stadt bleibt draußen vor der Tür.«
Trotz seiner Geräumigkeit wirkt der Garten an keiner Stelle »überplant«, Wiederholungen mangels Ideen finden nicht statt. Dem – gerade bei großflächigen Gärten – leider häufig zu erkennenden Zwang, nahezu jeden Quadratmeter in unterschiedlicher Art und Weise gestalten zu müssen, wurde hier nicht nachgegeben. Statt dessen nahm man den natürlichen Geländeverlauf zur planerischen Richtschnur, was dem Garten klare Gliederung, Konsequenz und Struktur verleiht.

In dem sehr naturbelassenen Teil des Gartens haben sich zwei Schafe eingefunden. Man muß schon sehr genau hinsehen, ob es nun echte Tiere oder Kunstobjekte sind.

Mit Agaven gelingt es immer, südlichen Charme in den Garten zu holen. Diese raschwüchsigen Kübelpflanzen sind in ihrer Pflege ganz und gar anspruchslos und überstehen längere Trockenperioden ebenso wie vergessene Düngergaben.

Eingebettet in Gehölze und Stauden, liegt am Rande des Gartens eine kleine »Orangerie«, die für die Dauer des Winters für viele Kübelpflanzen zum Zufluchtsort wird.

Garteneindrücke lassen sich ganz besonders auf einer überdachten und mit Kletterpflanzen eingegrünten Terrasse genießen, die in den Sommermonaten zum erweiterten Wohnraum wlrd.

Von zwanglos angeordneten und über den gesamten Garten verteilten Sitzmöglichkeiten ergeben sich immer wieder neue Eindrücke und Perspektiven.

Eindrucksvoll und kontrastreich präsentiert sich dieses Kunstobjekt, welches bewußt vor einer dunklen Kulisse plaziert wurde.

Links:
Unerwünschte Einblicke in den Garten werden durch einen Saum hoher Bäume und Sträucher verhindert.

Ein schattiges Plätzchen im hohen Gras. Man glaubt, Grillen zu hören...

Pflanzenporträts

Die Feijoa

Diese zu den Myrtengewächsen *(Myrtaceae)* zählende Fruchtpflanze, ein schwachwüchsiger, immergrüner Strauch, ist – obwohl in Südamerika zu Hause – resistent gegenüber schwachen Frösten und daher als Kübelpflanze verwendbar.
Neben den glänzenden, dunkelgrünen Blättern sind es vor allem die etwa 4 cm breiten, weiß-roten Blüten samt den auffallend langen und tiefroten Staubblättern, welche die Feijoa zu einer besonderen Gartenschönheit erheben. Warum dieses außergewöhnliche Gehölz in unseren Gärten so selten anzutreffen ist, bleibt für mich schwer nachvollziehbar, denn trotz ihres attraktiven Äußeren erweist sich die Pflanze als in der Pflege anspruchslos und weitgehend resistent gegen Schädlingsbefall und Krankheiten. Und als wären dies noch nicht der Vorzüge genug, sind von ihr zudem fruchttragende Sorten wie 'Mammouth' oder 'Triumph' im Handel. Die beerenartigen, etwa Kiwi-großen, gelbgrünen Früchte schmecken angenehm säuerlich und sind auch roh verzehrbar.

Feijoa/Acca sellowiana
Feijoa

Familie:	*Myrtaceae*
Heimat:	Brasilien
Wuchs:	Immergrüner, halbhoher Strauch mit etwas sparrig wirkenden Ästen
Blatt:	Länglich, glänzend dunkelgrün, gegenständig und an der Unterseite weiß
Blüte:	Im Mai/Juni erscheinen die attraktiven, weißen Blüten mit ihren auffälligen, dunkelroten Staubblättern.
Boden/ Standort:	Sonnig bis halbschattig; stellt an den Boden keine besonderen Ansprüche.
Verwendung:	Als Kübelpflanze (verträgt bis ca. – 5°C) oder im Wintergarten
Besondere Hinweise:	Die Früchte sind eßbar und haben einen säuerlichen Geschmack.

Die Engelstrompete

Bei der Engelstrompete *(Datura)* handelt es sich um eine kapriziöse Schönheit, deren Historie voller Rätsel und Mythen steckt und die die volle Aufmerksamkeit des Pflanzenliebhabers erfordert. Das Mysterium beginnt schon beim Namen: Bis heute streiten die Wissenschaftler über die konkrete Gattungszuweisung *(Datura* oder *Brugmansia)*, und auch die Nomenklatur der verschiedenen Sorten variiert ebenso wie die Spekulationen über ihre eigentliche Herkunft. Unbestritten ist dagegen die Beliebtheit der Engelstrompete. Bereits zu Beginn des 19. Jahrhunderts verfügte jeder europäische Schloßgarten, der etwas auf sich hielt, über ein Sortiment dieser außergewöhnlichen Pflanze. Neben dem Habitus und den signifikanten Blüten bietet auch die Wuchsintensität der Engelstrompete ein wichtiges Bestimmungskriterium. Man unterscheidet demnach rasch wachsende Sorten von mittelstark bis schwach wachsenden Variationen. Zu den bekannteren – und für die Verwendung im Freien geeigneten – Sorten gehören: *Datura* x *candida* mit ihren bis zu 30 cm langen, weißen und intensiv duftenden Blüten, die bis zu mehreren Metern aufschießende und baumartige *Datura suaveolens* und die niedrigere *Datura sanguinea* mit ihren gelb-roten Blütenkronen. In unseren Breiten verlangen alle *Datura*-Sorten einen windgeschützten, warmen und sonnigen Standort, nährstoffreichen Boden sowie zusätzliche, regelmäßige Düngergaben. Versorgt man sie zudem mit genügend Wasser, erstreckt sich ihre Blütezeit vom Spätsommer bis in den Winter hinein.
Aufgrund ihres eleganten Erscheinungsbildes eignen sich Engelstrompeten besonders als Kübelpflanzen in positionierter Einzelstellung. Sie überwintern bei ca. 5–10°C und sollten im Frühjahr erst dann wieder ins Freie, wenn die Zeit der Nachtfröste ganz sicher vorüber ist.
Man vermehrt die meisten Sorten durch Stecklinge, wobei auch hier Ausfälle oder Verzögerungen als Zeichen der ihr eigenen »Kaprice« zu bewerten sind.

Datura
Engelstrompete

Familie:	*Solanaceae*
Heimat:	Vermutlich Südamerika oder Mexiko
Wuchs:	Je nach Art von schwachem oder stärkerem Wuchs, es gibt auch Hochstämme.
Blatt:	Länglich herzförmig, Blattgröße je nach Art
Blüte:	Schlauch- bis kelchartig und bis zu 15 cm lang, Farben je nach Art
Boden/ Standort:	Sonnig bis halbschattig, benötigt während der Blütezeit regelmäßige Düngung und viel Wasser
Verwendung:	Eine der schönsten Kübelpflanzen, verdient Einzelstellung
Besondere Hinweise:	Aufgrund von Alkaloiden giftig!

Ein großzügig gestalteter Garten auf engstem Raum

Gartenstilleben: Ausgesuchte Flußkiesel und eine Ente aus Holz wurden auf Holzpaneelen arrangiert.

Gegenüber: Kernstück des Gartens ist eine mehr als die Hälfte des Grundstücks umfassende Wasserfläche mit einer großzügigen Terrasse aus Holz.

»In drei Jahrzehnten dreimal gebaut.« So titelte ein bekanntes Architekturmagazin im Mai 1962 und erzählte dann die wechselvolle Geschichte eines Stadthauses. 1932 erbaute der Arzt Dr. Heinrich Schäfer ein zweigeschoßiges Anwesen mitten in der Bochumer Innenstadt, das ihm als Wohn- und Praxisstätte dienen sollte. Nachdem das Gebäude während des Krieges gänzlich zerstört worden war, begann man im Herbst des Jahres 1948 an gleicher Stelle mit dem Bau eines Bungalows. Schon damals aber stand der Entschluß fest, das Haus später einmal aufzustocken. Nach weiteren elf Jahren war es soweit: Gemäß den Plänen der beiden Essener Architekten Dieter Knoblauch und Heinz Heise wurden dem Flachbau Ober- und Dachgeschoß hinzugefügt – eine Maßnahme, die übrigens von der Stadt Bochum mit einer offiziellen Belobigung ausgezeichnet wurde. Dabei war der Anlaß zur räumlichen Erweiterung ausschließlich praktischer Natur gewesen, denn inzwischen hatte sich die Tochter des Bauherrn ebenfalls dem Arztberuf verschrieben. Vater und Tochter teilten sich von nun an die Praxis im Tiefgeschoß des preisgekrönten Hauses. Was jedoch das Wohnen unter einem Dach anging, bewies die junge Dame Hang zur Eigenständigkeit und zog, frisch promoviert, allein ins obere Stockwerk ein.

Die Hausfassade wurde im Laufe der Jahre ganz und gar von einer Wilden Kiwi *(Actinidia arguta)* vereinnahmt.

Noch heute erinnert sich die Ärztin, die mittlerweile selbst erwachsene Kinder hat, mit einem Schmunzeln an jene Zeit des beruflichen wie auch privaten Neubeginns. Doch so interessant die Historie des Familienanwesens auch sei, beeilt sich die Eigentümerin zu erklären, ihre wahre Liebe gehöre seit jeher dem Garten.
Dabei begann das Kapitel »Garten« eher unbeabsichtigt. Um sich fachlichen Rat hinsichtlich des Gesundheitszustandes einiger Bäume einzuholen, rief man 1989 den mit der Familie befreundeten Landschaftsarchitekten Richard Bödeker, der bereits am nächsten Tag zum vereinbarten Ortstermin erschien. Was dann folgte, beschreibt Frau Dr. Schäfer noch heute als »eine spontane Nacht- und Nebelaktion«. Aus einigen, eher spaßeshalber aufs Papier gebrachten Skizzen, entwickelte Bödeker innerhalb von 24 Stunden einen lesbaren Ausführungsplan zur kompletten Neugestaltung des gesamten Gartens, einschließlich technischer Anweisungen zur Anlage eines großzügig dimensionierten Teiches. Dazu wurde zunächst das Gelände mit Boden aufgeschüttet und zu dem – nun erheblich tiefer liegenden – Nachbargrundstück hin abgestützt. (Der Versuch des Architekten, die Anlage als eine Art »Gemeinschaftsgarten« über die Länge beider Grundstücke zu gestalten, scheiterte an den rechtlichen Bedenken der beiden Eigentümerparteien.) Im Verlauf weniger Arbeitstage war ein Betonbett ausgegossen und darüber eine Folie verschweißt. Das Kernstück des neuen Gartens – eine mehr als die Hälfte des Grundstücks umfassende Wasserfläche – war vollendet! Erst danach wurden Terrassen, Podeste und Wege angelegt, und man erstellte einen Bepflanzungsplan.
Wenn sich zwischen April und Mai die Rhododendronblüten auf der stillen Wasseroberfläche spiegeln, fühlt man sich in einen der herrlichen Villengärten versetzt, wie man sie entlang der oberitalienischen Seen findet. Ein Anblick, der – gerade inmitten eines eher unvorteilhaften Stadtviertels – um so beeindruckender ist. Die grauen Fassaden der umstehenden Siedlungshäuser stehen in strengem Kontrast zur intimen Sinnlichkeit des von hohen Mauern und Hecken umrahmten Garten-Idylls. Die im einleitenden Textteil angesprochene Frage nach »Kontrast oder Integration des Wohnumfeldes« (siehe Seite 22) bei der Anlage eines »südlich« inspirierten Gartenmotivs konnte in diesem Fall gar kein Diskussionsstoff sein. Hier erwies sich die bereits erwähnte »Oasenbildung« als einzige Lösungsmöglichkeit.
Man betritt den Garten über eine bemerkenswerte Brückenkonstruktion, die an der Südseite des Hauses entlang verläuft und einen einfachen Vorgarten überspannt, der sich kaum von denen der Nachbarhäuser unterscheidet. Um so faszinierender gestaltet sich schon der erste Eindruck, wenn man die Stufen zum Garten hinter dem Haus herabsteigt. Vor einer in südwestlicher Richtung verlaufenden alten Ziegelmauer, die von Efeu *(Hedera helix* 'Hibernica') und Heckenkirsche *(Lonicera henryi)* nahezu vollständig bedeckt ist, verläuft eine dichte und nach Wuchshöhen gekonnt gestaffelte Reihe von Rhododendren. Zu den fast zwanzig verschiedenen Sorten zählen *Rhododendron orbiculare* (karminrosa), *R. yakushimanum* (tiefrosa bis weiß) und *R.* 'Blue Peter' (lavendelblau). Ein schlichter, mit Rindenmulch gedeckter Pfad führt zwischen den Rhododendren, Farnen und verschiedenen Schattenstauden, wie dem himmelblau blühenden Gedenkemein *(Omphalodes verna)*, hindurch – zu einem erhöht angelegten Sitzbereich in der äußersten westlichen Spitze des Gartens. Von dem Holzpodest aus, das wie der Bug eines Schiffes geformt ist, blickt man über den Teich zum Haus hinüber. Obwohl dieser Gartenteil am weitesten vom Haus entfernt liegt, hat sich die Familie genau diesen Platz als »Frühstücksecke« eingerichtet – »wegen der Morgensonne, die sich hier bis zum

Mittag hält«. Auch eine zweite Terrasse am nördlichen Teichufer wurde als Holzpodest ausgebildet. Beide Sitzbereiche liegen eigentlich recht nahe beieinander, sind aber nicht durch einen Weg direkt verbunden. Dank dieser auf den ersten Blick nur schwer verständlichen planerischen Entscheidung wird verhindert, daß der Garten »einseitig« genutzt wird. So jedoch muß man den Teich im vollen Umfang umrunden, will man von der einen zur anderen Terrasse gelangen. Anstelle eines verbindenden Weges trennt nun eine üppig bepflanzte Staudenrabatte die Sitzbereiche. Für den mediterranen Aspekt sorgen hier Geranien *(Geranium platypetalum)*, Salbei *(Salvia nemorosa* 'Mainacht') und Sommermargeriten *(Chrysanthemum maximum)*, die ihrerseits in Ufernähe von verschiedenen Bambusarten wie *Sinarundinaria murielae*, *Phyllostachys aurea* und *Phyllostachys nigra* flankiert werden. Besondere Erwähnung verdient sicherlich die von Wilder Kiwi *(Actinidia arguta)* üppig bewachsene Hauswand, die dem Garten aufgrund ihres meterhohen Astwerks gewissermaßen eine »dritte Dimension« hinzufügt.
Richard Bödeker bezeichnet diesen Garten als »eine Art grünes Wohnzimmer, das wir fast vollkommen unter Wasser gesetzt haben«. Es wird deutlich, daß ein flächenmäßig eher begrenzter Gartenraum nicht zwangsläufig nach einer kleinparzelligen Planung verlangt. Ganz im Gegenteil: Hier wird durch die Schaffung einer überaus großzügigen Wasserfläche landschaftliche

Erschlossen wird der Garten über eine Art Bootssteg, der entlang der gesamten Hauswand verläuft.

Sichtlich in vollen Zügen genießen kann man die Sommertage auf dieser mit einer üppigen Staudenpflanzung eingegrünten Holzterrasse.

Die Sitzplätze in Teichnähe, am anderen Ende des Gartens, lassen einen wunderbaren Rückblick auf das Wohnhaus zu. Durch die unterschiedliche Möblierung der einzelnen Plätze werden sie zu unverwechselbaren Oasen im Grünen.

Weite suggeriert, die zudem ein zweifellos angenehmeres und lebendigeres Gartenbild bietet als beispielsweise eine vergleichbar ausgedehnte Rasen- oder Pflasterfläche; insgesamt ein mutiges, nachahmenswertes Beispiel südlicher Gartengestaltung auf engstem Raum.

Harmonisch integriert sich die begrünte Hausfassade in das Gartenbild.

Pflanzenporträt

Der Strahlengriffel

Der in China beheimatete Strahlengriffel *(Actinidia chinensis)* wird sowohl in seiner Heimat als auch in Neuseeland als Wirtschaftspflanze angebaut. Seine lagerfähigen, an Vitamin C sehr reichen Früchte werden von dort aus vor allem nach Europa exportiert. Bei uns ist die Pflanze als »Kiwi« bekannt. Dieser Name bezieht sich auf den Schnepfenstrauß, einen neuseeländischen Laufvogel, der von den Maoris – den Ureinwohnern Neuseelands – »Kiwi« genannt wurde.
Mit einer Wuchshöhe von bis zu acht Metern ist die sommergrüne Schlingpflanze durchaus in der Lage, ganze Häuserfassaden mit einem dichten Laubwerk zu überziehen. Die eher unscheinbaren gelben Blüten bleiben zumeist hinter den eng beieinander stehenden, herzförmigen und 10–12 cm langen Blättern verborgen.
Der Strahlengriffel gehört – entgegen einer immer noch weit verbreiteten Annahme – zu den anspruchsloseren Kletterpflanzen. Allerdings benötigt er einen möglichst sonnigen Standort und muß, schon wegen seines üppigen Laubes, an heißen Sommertagen kräftig gewässert werden. Die erwachsene Pflanze ist recht gut schnittverträglich und wird am besten durch Stecklinge vermehrt.

Actinidia
Kiwi oder Strahlengriffel

Familie:	*Actinidiaceae*
Heimat:	China
Wuchs:	Bis zu acht Meter hohe, sommergrüne Schlingpflanze
Blatt:	Herzförmig, bis ca. 12 cm lang, an der Blattunterseite weißlich behaart
Blüte:	Gelb, von Mai bis Juni
Boden/ Standort:	Keine besonderen Bodenansprüche, bevorzugt jedoch möglichst sonnige und windgeschützte Standorte.
Verwendung:	Zur dichten Begrünung von Wänden, Pergolen und Bäumen; benötigt allerdings Kletterhilfen in Form von Spalieren.
Besondere Hinweise:	Trägt sehr schmackhafte und vitaminreiche Früchte – eben die Kiwis.

»Ein Hauch von Toskana…«

Akkurat geschnittene Buchskugeln in Terrakottatöpfen stehen entlang dem Gartenweg Spalier und tragen wesentlich zum Ambiente eines toskanisch inspirierten Gartens bei.

Gegenüber: Kunstobjekte aus Ton, aus der Werkstatt der Eigentümerin, sind die eigentlichen Bewohner des Gartens.

Meterhohe Zypressen und Zitronenbäume sucht man vergebens im Vegetationsbild des Krefelder Forstwaldes, und auch den sanften Schwung der grünen Hügel muß man sich dazudenken, wenn man vom Garten aus über die angrenzenden Felder schaut. Ansonsten aber scheint alles vorhanden, was zu einem echten toskanischen Gartenambiente benötigt wird:
Da akzentuieren akkurat gestutzte Buchskugeln in Terrakottatöpfen das ziegelrote Wegepflaster; ornamentale Schmiedegitter zeigen den Terrassen spielerisch ihre Grenzen auf, ohne dabei die Rundumsicht zu behindern; Rosen klettern über bogenförmige Rankgerüste, und aus flachen Pflanzschalen duftet es nach Thymian, Salbei und Lavendel. Dahinter verstecken sich nicht selten tönerne Fabelwesen. »Sie sind die eigentlichen Bewohner meines Gartens«, erklärt die Eigentümerin und weist in Richtung eines kleinen Holzhäuschens, das sich nahe dem Gewächshaus befindet. Hier, in der Werkstatt von Petra Neschkes, entstehen – hauptsächlich zur Winterzeit, wenn der Garten weniger Aufmerksamkeit fordert – ihre phantasievollen Keramik-Kreationen, die sie dann alljährlich im Frühling während einer Freiluft-Vernissage einem interessierten Publikum präsentiert.
Überhaupt trägt der gesamte Garten eindeutig die Handschrift seiner Besitzerin. Ihre Leidenschaft für alles Südliche ist auf Schritt und Tritt spürbar. Besonders augenfällig wird dabei die ausgeprägte Vorliebe

für Rosen, Azaleen und Hortensien. Sie verleihen dem Garten einen elegant-ländlichen Akzent. Die meisten dieser Pflanzen hat Petra Neschkes auf ihren Reisen in mediterrane Gefilde entdeckt, wie beispielsweise jene Kletterrose, die sie aus Südfrankreich mitbrachte: »Eine wunderschöne Rose, die mich an Jasmin erinnert. Ich mußte sie unbedingt haben. Sie wächst hier zwar keine sechs Meter pro Jahr, aber sie gedeiht.« Fast ein wenig überrascht stellt man fest, wie einfach es doch ist, südliche Gartenmotive in unseren mitteleuropäischen Breiten zu integrieren. Landsitze und Bauernhäuser eignen sich dazu als architektonische Kulisse natürlich besonders gut. Sie benötigen nicht das gleißende Licht der Mittelmeerküsten; im Schatten ihrer Natursteinmauern gedeihen zudem viele Pflanzen, die selbst bei uns Verwendung finden. Auch die Materialien für den Bau von Wegen, Terrassen und Mauern gibt es nach »toskanischem Vorbild«. In diesem Fall hat die Eigentümerin selbst Hand angelegt: Jahrelang sammelte sie geduldig Pflastersteine, Ziegel und ausrangierte Trittplatten aus der Umgebung, um sie dann gleich selbst in ihrem Garten zu verlegen. Die dabei entstandenen Muster und Motive bilden nun individuelle und signifikante Freiräume. Somit unterstreichen die befestigten Flächen noch den Charme des Historischen, denn auch das Wohnhaus kann auf eine lange Tradition zurückblicken. Bereits 1669 erstmals urkundlich erwähnt, blieb es bis zum Ausbruch des Zweiten Weltkriegs landwirtschaftliche Betriebsstätte. Wie in der Gegend vielfach üblich, war auch dieser Hof von einem »wehrhaften« Wassergraben umgeben. Als Petra Neschkes und ihr Mann das Anwesen 1975 kauften, ließen sie den noch verbliebenen Graben jedoch zuschütten. Der ehemalige Verlauf ist noch heute erkennbar, er ist dort, wo sich der Garten den Feldern nähert und die Grundstücksgrenze verläuft. Mit gut 5 000 Quadratmetern ver-

fügt der Garten über genügend Raum für mehrere funktionelle und gestalterische Bereiche: Rosengarten, Obst- und Gemüsegarten, Staudenrabatten, Teich sowie großzügige Rasenflächen fügen sich zu einem harmonischen Gesamtbild, aus dem stattliche Gehölze wie ein Blauglockenbaum *(Paulownia tomentosa)*, Trauerweide *(Salix alba* 'Tristis') und Walnußbaum *(Juglans regia)* eindrucksvoll hervorragen. Ein schmaler Pflasterweg führt westlich am Haus entlang zu der südexponierten Terrasse. Er wird flankiert von Zitronenbäumchen, zierlichen Hochstämmen von Brautmyrte *(Myrtus communis)*, Lorbeer *(Laurus nobilis)* – und immer

Ein schattiges Plätzchen hat diese handmodellierte Dame unter einem Rosenstrauch gesucht und gefunden.

Der Eingang in den Garten wird durch einen mit einer Kletterrose aus Südafrika berankten Bogen betont.

wieder Rosen. Während der westliche Teil des Gartens mit seinen Obstbäumen (Apfel, Kirsche, Aprikose und Mirabelle) und Gemüsebeeten eher bäuerliche Elemente aufweist, wirkt sein Pendant strukturierter. Wertvolle und zum Teil überaus seltene Pflanzen wie der rosmarinähnliche *Ozotamnus rosmarinifolius* gliedern gemeinsam mit verschiedenen Wacholderarten, Stechpalmen *(Ilex)*, Flieder *(Syringa)* und Goldregen *(Laburnum)* die verschiedenen Sitzbereiche. Dennoch hat Petra Neschkes bei der Auswahl ihrer Pflanzen stets auf klimatische Verträglichkeit geachtet: »Etwas völlig Fremdes würde ich nie anpflanzen wollen – Kakteen zum Beispiel.« Und auch von allzu intensivem Pflegeaufwand nimmt sie lobenswerten Abstand. Ihre Philosophie: »Man soll sich nicht zum Sklaven seines Gartens machen. Was nicht gut gedeiht oder nur mit sehr viel Arbeit, davon trenne ich mich« – ein Leitsatz, den sich insbesondere Besitzer südlich inspirierter Gärten durchaus häufiger zu Herzen nehmen sollten. Gerade dieser Garten zeigt, daß sich auch mit einfachen Mitteln und dem dazugehörigen gestalterischen Geschick »ein Hauch von Toskana« am Niederrhein einstellen kann.

Verschiedene Sitzplätze, über den gesamten Garten verteilt, machen es möglich, zu jeder Tageszeit Sonne oder Schatten genießen zu können.

Dabei lassen sich heiße Sommertage im Schatten großer Baumkronen besonders gut verbringen.

Stattliche Gehölze wie Blauglockenbaum, Goldregen, Trauerweide und Walnußbaum setzen besondere Akzente im Gesamtbild des Gartens.

Eigentlich lädt diese Bank zum Verweilen ein. Doch im Laufe der Jahre hat sich großblättriger Efeu *(Hedera hibernica)* darüber ausgebreitet. Sein Anblick ist so reizvoll, daß man ihn nur ungern beiseite schieben will.

Seite 76:
Südfranzösische Stimmung pur: Rosmarinstöcke in verschiedenen Wuchsformen, in mit reichlich Patina versehenen Terrakottagefäßen, säumen Terrassen und Sitzplätze.

Pflanzenporträt

Der Bleiwurz

Zu den ausdauerndsten Blütengehölzen und beliebtesten Kübelpflanzen gehört der aus der südafrikanischen Kapregion stammende Bleiwurz *(Plumbago auriculata)*. Seine himmelblauen Blüten wirken, in Gruppen vor einer rustikalen Natursteinmauer gepflanzt, besonders eindrucksvoll. Als Kübelpflanze in Einzelstellung benötigt der Bleiwurz ringsum ausreichend Freiraum – allein schon deshalb, damit man seine überaus rasch und lang wachsenden Triebe regelmäßig zurückschneiden kann. Auch sonst zählt er zu den eher pflegeintensiveren Ziergehölzen: Verblühte Pflanzenteile sind in Handarbeit auszupflücken, um den nachfolgenden Knospen Platz zu verschaffen. Seiner Blütenfülle entsprechend verlangt der Bleiwurz große Mengen Wasser, und auch vor allzu kräftigen Winden, Regen- oder gar Hagelschauern sollte man ihn rechtzeitig in Sicherheit bringen, um Triebbruch zu vermeiden. All diese Mühen werden jedoch durch eine besonders reiche Blüte ausgeglichen.
Es existiert auch eine weiße, weniger wuchsfreudige Form *(P. a.* 'Alba'), die sich daher als Balkon- oder Ampelpflanze anbietet. In Indien und Südamerika werden bestimmte Bleiwurzarten aufgrund ihrer hautreizenden Wirkung medizinisch genutzt.

Plumbago
Bleiwurz

Familie:	*Plumbaginaceae*
Heimat:	Südafrika, China, Europa
Wuchs:	Je nach Art vom nur 30 cm hohen Zwergstrauch über den freiwachsenden, buschförmigen Strauch bis zum schlanken Hochstamm
Blatt:	Hellgrün und zierlich
Blüte:	Sortenabhängig, von Reinweiß bis zum typischen Hellblau, meist nur ca. 1 cm groß
Boden/ Standort:	Keine besonderen Bodenansprüche, wenig Dünger; sollte jedoch möglichst hell plaziert werden.
Verwendung:	Als Ampel- oder Kübelpflanze, Spaliergehölz, Balkonpflanze oder Hochstamm, je nach Sorte variabel
Besondere Hinweise:	Alle Bleiwurzarten sind sehr anfällig gegen Windbruch.

Kontrastreich präsentiert sich diese Statue vor dunkelgrünem Hintergrund aus Thujen, Scheinzypressen und Rhododendren.

Der südliche Gartentraum eines Pflanzensammlers

Bougainvilleen (*Bougainvillea*-Hybriden), soweit das Auge reicht: In den Sommermonaten setzen diese üppig blühenden Kübelpflanzen auffällige Akzente im Garten. Die Farbpalette reicht von Weiß über Rosa und Lila bis hin zu Rot.

Es gibt Menschen, die sammeln Briefmarken, Münzen oder Ansichtskarten – und es gibt Pflanzensammler. Letztgenannte sehen sich bei der Ausübung ihres Hobbys jedoch einer besonderen Problematik gegenüber: Wohin mit all den floralen Raritäten, wenn der sonnige Platz an der Fensterbank schon bald nicht mehr ausreicht?
Wohl nur wenige finden darauf eine so konsequente Antwort wie Adolf Ebding aus dem badischen Friesenheim. Er legte sich kurzerhand seinen eigenen botanischen Garten an. »Früher war hier ein ganz normaler Garten, mit einer Wiese, ein paar Obstbäumen, einem Rosenstock und um all das herum eine Hecke samt Zaun.« Wer zum ersten Mal vor dem massiven Wohnhaus im ländlichen Schwarzwaldstil steht, wird demnach kaum vermuten, daß sich dahinter eine schon fast tropisch anmutende Gartenoase verbirgt.
Seit nunmehr 25 Jahren entflieht der gelernte Stukkateur regelmäßig dem deutschen Winter. Seitdem hat er, gemeinsam mit seiner Frau Brigitte, mehr als zwanzig verschiedene Länder bereist, die meisten davon in Übersee. Und von jeder dieser Reisen brachten die beiden neue Pflanzen mit. »Obwohl wir die Pflanzen stets ordnungsgemäß erwarben und auch am Zoll entsprechend deklarierten, gab es da doch so manche amüsante Geschichte«, erklärt Adolf Ebding. So griff ein Zöllner auf dem Flughafen von Nairobi – trotz vorheriger Warnung – bei der Kontrolle des Handge-

Das exotisch wirkende Indische Blumenrohr (*Canna-Indica-*Hybride) wird je nach Sorte zwischen 30 und 200 cm hoch. Sattgrüne Blätter bilden einen schönen Kontrast zu den leuchtenden Blütenfarben, die von Weiß über Gelb, Orange, Lachs und Rosa bis zum tiefen Rot reichen.

päcks »voll in einen Kaktus hinein«. Die meisten Pflanzenimporte überstanden den Transport mehr oder weniger schadlos: die Kapländische Trompetenwinde *(Tecomaria capensis)* von den Seychellen wie auch die damit verwandte Kreuzrebe *(Bignonia capreolata)*, das immergrüne Elefantenohr *(Alocasia antiquorum)* aus dem indonesischen Urwald oder eine Drachenbaumagave aus Mexiko.

Insgesamt zieren den Garten mittlerweile mehr als 300 Kübelpflanzen, zu denen auch nicht ganz so exotische Arten wie Bleiwurz *(Plumbago)*, Hibiscus *(H. rosa-sinensis)*, Orientalische Schmucklilien *(Agapanthus orientalis)* oder das empfindliche, da eigentlich in Südamerika beheimatete Wandelröschen *(Lantana montevidensis)* gehören. Bei dieser enormen Anzahl und Auswahl stellt sich jedem Freund südländischer Kübelpflanzen unweigerlich die Frage nach der artgerechten Überwinterung. Auch hier fand Adolf Ebding eine nachahmenswerte Lösung: »Als sich weder im Haus noch in der Garage mehr ein Platz für die kälteschutzbedürftigen Pflanzen finden ließ, habe ich mich zum Anbau eines geräumigen Wintergartens entschlossen, der nun gewissermaßen eine Verlängerung zu unserem Wohnzimmer darstellt. Während regnerischer Sommertage sitzen wir hier und schauen in den Garten hinaus. Im Winter – der bei uns am Oberrhein ja eigentlich nur von Dezember bis Mitte März andauert – dient er dann allein den Pflanzen als Quartier, wobei wir nun

Pflanzenkombinationen müssen nicht immer von leuchtenden Blütenfarben begleitet sein: Dieses Kübelpflanzenarrangement vor einer Thujenhecke präsentiert sich zwar Ton in Ton, doch durch unterschiedliche Blattfarben und -texturen wirkt es interessant und abwechslungsreich.

vom Wohnzimmer aus in das üppige Grün des Wintergartens blicken können.« Dennoch wurde der Garten nicht ausschließlich als Ausstellungsbereich für eine Pflanzensammlung konzipiert. Gestalterische Akzente wie Pergolen, Laube und Wasserbecken geben den Gehölzen räumlichen Halt und sorgen für Unterscheidungskriterien, so daß sich auch einzelne Pflanzen rasch auffinden lassen. Da der Garten verhältnismäßig schmal ist, wurden in Längsrichtung verschiedene Geländestufen eingebaut, um eine »Schlauchbildung« zu vermeiden – eine Grundstückssituation, von der so mancher Reihenhausbesitzer ein Lied zu singen weiß. Mittels niedriger Mauern und Stützbalken entstanden auf diese Weise unterschiedliche Ebenen, die durch flache Treppenpodeste oder zierliche – an asiatische Vorbilder erinnernde – Holzstege überwunden werden. Die so geschaffenen windgeschützten Ecken und Winkel können schwachwüchsigen und empfindlichen Pflanzen wie Zwerggranatapfel *(Punica granatum* i. S.) oder dem auffälligen, gelb blühenden Kerzenstrauch *(Cassia didymobotrya)* als idealer Standort dienen.
Höhe erfährt der Garten durch architektonische Elemente: Da für einheimische Bäume oder Großsträucher kein Platz mehr war und auf Schattenspende – im Interesse der zumeist sonnenhungrigen Exoten – kein Wert gelegt wird, hat Adolf Ebding antike Stilmittel eingesetzt, wobei sich seine handwerkliche Ausbildung dabei als von großem Nutzen erwies. So schmücken den Garten heute »griechische« Säulen und ein »klassizistisches« Palladium. Ein ganz besonderer Blickfang ist der einem kubanischen Original nachempfundene Tempel. Adolf Ebding entdeckte ihn während eines Aufenthaltes in Havanna und war von dem Bauwerk derart begeistert, daß er es im heimatlichen Friesenheim – nach detaillierter fotografischer Vorlage – »en miniature« nachbaute. Von diesem »Mirador« genießt man den Garten am besten in der Überschau; hier träumt das Ehepaar Ebding von neuen Reisen nach Übersee – und von den Pflanzen, die sie von dort mitbringen werden.

Die Leuchtkraft des 1 bis 1,5 m hohen Veilchenstrauches *(Iochroma cyaneum)* läßt bei uns oft zu wünschen übrig. Attraktiv sind die Blüten dennoch, die büschelweise an den Triebspitzen hängen.

Ein ganz besonderer Blickfang ist der einem kubanischen Original nachempfundene Tempel, der nach detaillierter fotografischer Vorlage – »en miniature« – gebaut wurde.

Sogar im Uferbereich des Gartenteichs findet man große und kleine Töpfe mit exotischen und wärmeliebenden Pflanzen.

Im Sommer stehen über 300 Kübelpflanzen im Garten. Für die Überwinterung wurde eigens ein Wintergarten gebaut.

Was bei der Bougainvillea wie Blüten aussieht, sind nur farbige Hochblätter. Die eigentlichen Blüten sind unscheinbar cremefarben. Für einen prachtvollen Flor bedarf es eines heißen, sonnigen Sommers.

Die Amaryllis (*Hippeastrum*-Hybride) ist heute in unzähligen Sorten im Angebot, deren Blütenfarben von Weiß über Lachs, Orange und Rosa bis hin zu allen möglichen Rottönen reichen. Daneben gibt es Sorten mit weißer Blüte und roten Rändern sowie zweifarbig gestreifte.

Pflanzenporträt

Die Bougainvillea (Drillingsblume)

Während einer Expedition ins damals noch weitgehend unbekannte Südamerika entdeckte der Seefahrer und Kommandant L. A. Comte de Bougainville (1729 – 1811) die purpurfarbenen Lianen im Dschungel Brasiliens. Seitdem gehört die Bougainvillea mit ihrer überbordenden Blütenfülle und Farbenpracht auch im Mittelmeerraum zu den beliebtesten Kletterpflanzen. Dank ihrer zahlreichen, widerhakenartigen Sproßdornen überzieht sie dort Mauern, Lauben und Pergolen bis zu einer Höhe von 10 Metern mit einem üppigen Blütenteppich. Dabei verlangt sie jedoch nach einem vollsonnigen, windgeschützten Standort und nach Temperaturen, die 5°C nicht unterschreiten sollten. Diese diffizilen Anforderungen lassen sie nördlich der Alpen zu Recht nur für wenige ausgesuchte Plätze als geeignete Gartenpflanze erscheinen. Im ganzjährig warmen Wintergarten wird die immergrüne Sorte *Bougainvillea* x *buttiana* mit ihrem breit gefächerten Spektrum an Blütenfarben (weiß, gelb, orange bis tiefrot) zum Blickfang jeder Innenmauer. Als Kübelpflanzen gelten die lilarote Behaarte *(B. spectabilis)* und die purpurrote Unbehaarte Drillingsblume *(B. glabra* var. *sanderiana)* als die bessere Wahl. Doch sollte man auch sie vor dem »Ausräumen« im Frühjahr an einem warmen Sonnenfenster vortreiben lassen, um sie für den Sommer im Freien abzuhärten.

Bougainvilleen benötigen sandig-tonige Böden sowie (zumindest während der Blütezeit) reichliche Dünger- und Wassergaben. Vermehrt werden sie durch Absenker oder Setzlinge.

Bougainvillea
Bougainvillea oder Drillingsblume

Familie:	*Nyctaginaceae*
Heimat:	Brasilien
Wuchs:	Bis zu 15 Meter hoher, spreizklimmender Kletterstrauch mit Sproßdornen
Blatt:	Dunkelgrün und glänzend, ovalspitz und wechselständig
Blüte:	Meist purpurrot bis violett, aber auch weiß, gelb oder orange; die Blüten der Bougainvillea sind klein und unscheinbar, prächtig und üppig dagegen sind die sie umgebenden farbigen Hochblätter.
Boden/ Standort:	Vollsonnig und windgeschützt. Während der Blüteperiode benötigen sie recht viel Wasser und Dünger.
Verwendung:	Ein Blickfang in jedem warmen, südexponierten Wintergarten oder als Kübelpflanze oder Spalierpflanze in standortgerechter Lage
Besondere Hinweise:	Bougainvilleen vertragen Rück- und Formschnitt und lassen sich so auch zu Kugeln oder Hochstämmchen trimmen.

Blütenpracht vor waldreicher Kulisse

Die aus dem tropischen Amerika stammende Prunkwinde *(Ipomoea tricolor)* gedeiht in unseren Breiten nur als einjährige Kletterpflanze. Durch ihre Vitalität schafft sie es jedoch, innerhalb eines Sommers 3 Meter hoch zu wachsen.

Gärten müssen keineswegs immer spektakulär sein, um uns anzusprechen. Das gilt insbesondere dann, wenn ein Garten von einer intakten und dicht gestaffelten Waldlandschaft umgeben ist. Mehr noch: In solch einem Fall ist davon abzuraten, den zu gestaltenden Bereich zu sehr von seiner Umgebung zu isolieren. Stilistische Spielereien oder vordergründige Schaueffekte können – vor der erhabenen Kulisse mächtiger Baumkronen – rasch planerisch bemüht, wenn nicht gar lächerlich wirken. Ein in seiner Fläche zu gering bemessener Teich, ein mit Zierat überladener Brunnen, handtuchschmale Pflasterwege oder rechteckige, durch graue Betonrandsteine begrenzte Rasenareale widersprechen nicht nur inhaltlich, sondern auch von der Proportion her derartigen Vorgaben. Ein sanfter Übergang, geschaffen durch eine – geometrisch nicht eindeutig begrenzte und in der Farbauswahl nicht allzu bunte – Staudenpflanzung, erweist sich dagegen nicht nur für das Auge verträglicher: Der Garten »öffnet sich nach hinten« und wirkt in der Regel größer, als er eigentlich ist. Daß ein solches Gebot zur planerischen Zurückhaltung nicht zwangsläufig mit gestalterischer Monotonie einhergehen muß, die den Garten zu einem bloßen Vorhof des sich anschließenden Naturraumes degradiert, zeigt dieses Beispiel eines Bauerngartens im Markgräfler Land. Dabei soll nicht verschwiegen werden, daß auch hier aus Fehlern gelernt wurde, wenn diese auch von anderer Art waren als die

Duftpelargonien (*Pelargonium*-Hybriden) sind ein Fest für die Nase. Wer nicht so viel Wert auf üppige Blütenfülle legt, findet Vertreter, die nach Minze, Rosen, Zitronen oder Gewürzen duften.

oben beschriebenen: 1952 wurde der etwa 1500 Quadratmeter umfassende Garten von der damaligen Besitzerin – einer Galeristin und begeisterten Pflanzenliebhaberin – nach eigenen Entwürfen angelegt. Um eine möglichst breite Vielfalt von Stauden und Einjährigen ansiedeln zu können, ließ sie auf dem sonnenexponierten Grundstück mehrere hohe Douglasien *(Pseudotsuga menziesii* und *P. taxifolia)* anpflanzen, die den Garten so in Bereiche mit unterschiedlichen Lichtverhältnissen parzellieren sollten. Im Schatten der großen, kegelförmigen Bäume entwickelten sich Prachtspiere *(Astilbe chinensis* var. *pumila* und *A. taquetii* 'Superba'), Kreuzkraut *(Ligularia* x *hessei* und *L. przewalskii)*, verschiedene Funkien *(Hosta sieboldiana* und *H. undulata* 'Univittata') und Farne *(Dryopteris, Matteuccia* u. a.) dann auch vortrefflich. Dabei hatte man sich jedoch »im Platzangebot verschätzt«, wie der Sohn der Galeristin eingesteht. Die hohen Bäume behinderten die Ansiedlung anderer Arten und sorgten dafür, daß sich die obengenannten Schattenstauden »den Garten fast untertan machten«. Heute – mehr als vierzig Jahre später – hat sich das Feld gelichtet. Die Douglasien sind längst der Baumsäge zum Opfer gefallen. Den Garten dominieren jetzt Pflanzen südlicherer Herkunft, die das höhere Lichtangebot – das Markgräfler Land gehört zu den sonnenreichsten Gebieten in Deutschland – bei gleichzeitigem Schutz vor kälteren Winden (dank des Waldsaumes) sichtbar zu schätzen wissen. So

Eine unmittelbar dem Wohnhaus angegliederte Terrasse wird durch verschiedene Kletterpflanzen, Sträucher sowie farbenfrohe Dahlien zu einem geschützten und uneinsehbaren Sitzplatz.

Der Weg zum Haus wird beidseitig von einem Beet aus Stauden und einjährigem Sommerflor begleitet.

überstehen auch empfindlichere Stauden wie der Sigmarswurz *(Malva alcea)* oder die am Mittelmeer und in Südwestasien beheimatete Schwertlilie *(Iris barbata – elatior* 'Pinnacle') den südwestdeutschen Winter im Freien. Andere Gehölze *(Bougainvillea, Hibiscus, Citrus* oder die »Blaue Blume Südafrikas«, der *Agapanthus* – um nur einige zu nennen) wachsen auch hier in Kübeln und werden den Winter über eingeräumt. Dazu steht in diesem Fall eine eigens zu diesem Zweck umgebaute Garage zur Verfügung. Eine Thermostateinstellung von 10 – 12°C und UV-Röhren bieten optimale Bedingungen für solche Pflanzen, denen eine Überwinterungstemperatur von etwa 5°C zu niedrig ist. Von derartigen Vorsichtsmaßnahmen bleibt der breit gefächerte Horst von Blutweiderich *(Lythrum salicaria)* unbetroffen, der sich in einer Senke des Gartens den Rand einer auf natürliche Weise entstandenen Naßwiese erobert hat. Seine quirligen, violettroten Blütenstände bilden zwischen Juni und August einen herrlichen Abschluß des Gartenraums zum anschließenden, dunkelgrünen Nadelwald.
Am Eingang zum Garten – und schon von der Straße her ein Blickfang – wächst ein imposanter Korallenstrauch *(Erythrina crista-galli)*. Dieser nimmermüde Blüher (in Intervallen vom Spätfrühjahr bis in den Herbst hinein) gehört zu den beeindruckendsten Kübelpflanzen überhaupt. Dieses Exemplar ist nach erst sechs Jahren zu einer Größe herangewachsen, die ein Einräumen bereits unmöglich macht. »Ich schneide den Strauch jedes Jahr radikal zurück und kürze die Triebe um fast zwei Meter, und in der darauffolgenden Saison hat er dann wieder drei Meter zugelegt.« Der Kübel ist mittlerweile auf Dauer im Erdreich eingegraben. »Irgendwann wird der gebrannte Ton wieder zu Boden und so dann auch ein echter Bestandteil des Gartens« – den Korallenstrauch wird es kaum kümmern. Er fühlt sich bereits jetzt schon im sonnigen Markgräfler Land heimisch.

Stehen Kunstobjekte längere Zeit unberührt im Garten, bleiben auch sie von Patina und Moosbesatz nicht verschont.

Wenn Stauden und anderer Sommerflor längst verblüht sind, bringen Dahlien immer noch Farbe in den Garten. Bis zum ersten Frost blühen sie ohne Unterlaß. Dann müssen ihre Knollen den Winter im Keller überdauern.

Kübelpflanzen können samt Topf in die Erde eingegraben werden. Damit haben sie mehr Standvermögen und trocknen nicht so schnell aus.

Durch die unterschiedliche Anordnung von »Spiegeln« an einer ausgesuchten Stelle verschafft man sich einen Überblick über den gesamten Garten.

Obwohl der Rebstock in wärmeren Ländern beheimatet ist, hat er sich im Lauf von 2000 Jahren recht gut an das mitteleuropäische Klima angepaßt.

Pflanzenporträts

Der Korallenstrauch

Der in den Subtropen Amerikas beheimatete Korallenstrauch *(Erythrina crista-galli)* gehört zweifellos zu den beeindruckendsten Kübelpflanzen. Seine scharlachroten, bis zu 40 cm langen Blütentrauben, die stacheligen Früchte sowie die lederartigen, gefiedert zusammengesetzten Blätter wirken überaus dekorativ und verleihen jedem Garten eine südliche Note.
Der Name *Erythrina* stammt von dem griechischen *erythros* (= rot), während *crista-galli* im Lateinischen *Hahnenkamm* bedeutet. Treffender ist das augenfällige Blütenbild des Korallenstrauches nicht zu beschreiben. Zudem zählt der Korallenstrauch zu den robusteren und pflegeleichten Kübelpflanzen. Er begnügt sich mit bescheidenen Wasser- und Düngergaben und erweist sich auch hinsichtlich der Überwinterung als anspruchslos: An einem dunklen, nicht zu warmen Platz (max. 8°C) überläßt man die Pflanzen am besten sich selbst. Während dieser Zeit (ca. von Oktober bis April) darf auf keinen Fall gegossen werden. Vor dem Einräumen sollten die letztjährigen Triebe bis auf das alte Holz zurückgeschnitten werden.
Auch die Vermehrung des Korallenstrauchs ist wenig problematisch, wobei jedoch aus Samen gezogene Pflanzen oft mehrere Jahre bis zur ersten Blüte benötigen; hier bietet sich also die Vermehrung durch Stecklinge an.

Erythrina
Korallenstrauch

Familie:	*Leguminosae*
Heimat:	Brasilien (Südamerika)
Wuchs:	Breit wachsender Strauch mit dickem Stamm und dornigen Zweigen
Blatt:	10 bis 15 cm lang, länglich-lanzettlich, lederartig und wechselständig
Blüte:	5 cm lang in bis zu 40 cm langen, endständigen Trauben, kirsch- bis scharlachrot
Boden/ Standort:	Stellt keine besonderen Bodenansprüche, benötigt aber zur vollen Blütenentfaltung einen möglichst hellen Standort.
Verwendung:	Dekorative Kübelpflanze
Besondere Hinweise:	Entfernt man die welken Blütenstände, entwickeln sich nachfolgende Blütenschübe.

Passiflora
Passionsblume

Familie:	*Passifloraceae*
Heimat:	Südliches Brasilien, Paraguay, Argentinien
Wuchs:	Rasch wachsende Kletterpflanze
Blatt:	Fünf- bis siebenlappig und wechselständig, immergrün
Blüte:	7 bis 9 cm breit, weiß mit blau-violettem Fadenkranz und purpurfarbenem Griffel
Boden/ Standort:	Möglichst nährstoffreich, feucht und hell
Verwendung:	Als Kübel- und Kletterpflanzen (am Spalier), sehr gut auch für den Wintergarten geeignet
Besondere Hinweise:	Ein gelegentlicher starker Rückschnitt steigert die Blüte am neuen Trieb.

Die Passionsblume

Die auffälligen, sternförmigen Blüten der Passionsblume *(Passiflora)* werden aus Kelch- und Kronblättern gebildet, über denen sich ein Strahlenkranz von Staubfäden sowie drei Griffeläste samt Narben erheben. Dieser ebenso komplizierte wie dekorative Aufbau formt sich zu einer für den Pflanzenfreund einzigartigen Blütenkomposition. Einen Beweis für die schon fast mystische Verehrung dieser aus Südamerika stammenden floralen Schönheit findet man bereits in ihrem Namen. So verweist das lateinische *passio* (= Leiden) auf die Martern Jesu Christi und die Folterwerkzeuge seiner Peiniger, die man in den einzelnen Blütenteilen der Passionsblume wiederzuerkennen glaubte.
Im Handel am einfachsten erhältlich ist die Blaue Passionsblume *(Passiflora caerulea);* bei uns seltener, doch dank ihrer Früchte hinreichend bekannt ist die Maracuja oder Purpurgranadilla *(P. edulis).* Wie auch bei allen anderen großblumigen Arten ist regelmäßiges Gießen und Düngen erste Pflegepflicht.

Über den Dächern von Zürich…

Ein spezielles Tongefäß mit verschiedenen seitlichen Öffnungen bietet Platz für einen Miniatur-Kräutergarten auf Dachterrassen und Balkonen.

Jedes Haus hat seine Geschichte, so auch dieses. Allerdings merkt man ihm die »dunkle Vergangenheit« – früher war hier eine Kohlenhandlung untergebracht – heute in keinster Weise mehr an. Nach einer ebenso aufwendigen wie gelungenen Renovierung erstrahlt der Flachbau an einer recht belebten Straße in der Zürcher Innenstadt nun in neuem Glanz – zusätzlich geschmückt von einem wirklich außergewöhnlich zu nennenden Dachgarten mediterranen Stils. Schon wenn man vom gegenüberliegenden Gehsteig am Haus emporblickt, fallen die rosaroten Blütenstände mehrerer Oleander auf, die hinter der grauen Gitterbalustrade eine farbenfrohe Reihe bilden. Dennoch ahnt man von unten noch nichts von dem prachtvollen Pflanzenszenarium, das sich hier auf 110 Quadratmetern im Verlauf der letzten drei Jahre entwickelt hat. »Wir wollten schon immer einen Garten besitzen – was in einer Stadt wie Zürich jedoch schon fast einem Privileg gleichkommt«, erklären Margrit und Fredi Aellig. »Dann bot sich eines Tages die seltene Gelegenheit, vom Turm des Zürcher Münsters einen Rundblick über die Dächer der Innenstadt zu erhaschen. Wir waren ziemlich überrascht, wie grün sich Zürich plötzlich von dort oben präsentierte – dank der zahllosen Dachgärten. Von jenem Moment an stand unser Entschluß fest: Unser Traum vom Süden wird auf, und nicht vor dem Haus stattfinden.«

Südlicher kann die Stimmung auf dem Dachgarten wohl kaum noch werden: Gartenmöbel aus Eisengestell und Flechtwerk und Oleanderblüten *(Nerium oleander)* in Hülle und Fülle wecken Urlaubsträume.

Mit einem befreundeten Architekten begann man damit, die Dachflächen statisch für die (nicht zu unterschätzende) Gewichtslast eines Gartens vorzubereiten. Problematisch erwies sich in diesem Zusammenhang jedoch die weiterhin notwendige Versorgung mit Licht der sich unter dem Dach befindenden Geschäftsräume. Abhilfe brachte der Einbau einer Lichtkuppel und eines Lichtbandes an der Nahtstelle der Dachflächen, die einen Höhenunterschied von etwa 60 Zentimetern aufweisen. Dieser wird nun von einer geschwungenen »japanischen« Holzbrücke überwunden, die die beiden so erst entstandenen Gartenräume miteinander verbindet.

Wenn man aus der lukenähnlichen Tür hinaustritt, die vom Wohnzimmer zum Garten führt, erblickt man zunächst einen sehr intim gestalteten Sitzbereich, der von den Oleandersträuchern zur Straße hin abgeschirmt wird. Die Liebe zum Oleander *(Nerium oleander)* hat Margrit Aellig übrigens von ihrer Mutter geerbt. Sie war es, die damals mit der Anzucht dieser vielseitigen Gehölze begann, die – zumindest nördlich der Alpen – mittlerweile zum Inbegriff mediterraner Kübelpflanzen geworden sind. Seit ungefähr fünfzehn Jahren vermehrt Margrit Aellig diese Pflanzen nun selbst aus Stecklingen. »Einige gefüllte Formen sind mir jedoch rasch erfroren. Auch vertragen diese nicht so gut die hohe Feuchtigkeit unserer Regionen«, doziert die inzwischen zur echten Expertin »in Sachen Oleander« avancierte

Bei einem 110 Quadratmeter großen Dachgarten und bei ungefähr 200 Pflanzgefäßen ist ein Wasseranschluß im Freien unerläßlich. Das Wandbecken aus Terrakotta fügt sich harmonisch in das südliche Ambiente ein.

In der Anzuchtecke des Dachgartens werden in Töpfen Gehölz- und Staudensämlinge kultiviert und zu Formschnittgehölzen herangezogen.

Dachgartenbesitzerin. Was die Pflege der für Krankheiten ziemlich anfälligen Sträucher angeht, setzt Margrit Aellig auf ökologisch Verträgliches und Handarbeit: »Ich setze beispielsweise die Larven von Marienkäfern aus und gehe mit Seifenlauge gegen Läuse vor. Nützt auch das nichts, bleibt mir nur noch, die Schädlinge von Hand zu zerdrücken.« Ansonsten besitzt Frau Aellig den berühmten »Grünen Daumen«. Fast alles, was sie in ihrem Garten anpflanzt, gedeiht beneidenswert gut: Verschiedene Bambusarten *(Phyllostachys aurea, P. nigra)* wurzeln in alten Holzfässern wie auch Buchsbaum *(Buxus sempervirens)*, Weiden, Rosen und Lavendel. In Terrakottakübeln wachsen Margeriten, Bleiwurz *(Plumbago)* und Engelstrompete *(Datura)*, während die meisten Stauden *(Salvia, Thymus, Malva, Linum* und viele andere) in abgegrenzten Beeten ein Zuhause gefunden haben. »Echte Terrakottatöpfe verwende ich nur in Ausnahmefällen. Zum einen sind sie schwer, zum anderen auch recht teuer. Insgesamt stehen hier mittlerweile ungefähr zweihundert Pflanzgefäße, vorwiegend aus Eternit oder Kunststoff, in denen die Erde zudem langsamer austrocknet als in Tontöpfen.« Trotzdem bleibt der Pflegeaufwand recht hoch: »Im Sommer brauchen wir täglich etwa eineinhalb Stunden fürs Wässern mit dem Schlauch. Immer wenn man etwas vorhat, zum Beispiel abends Essen gehen, steht diese Arbeit vorher an.« Hier wie in ähnlichen Fällen ist der Einsatz einer automatischen Bewässerungsanlage eine gute Alternative.

Auch mit der Anzucht von Pflanzennachwuchs wird bei den Aelligs viel Zeit verbracht. Überall im Garten finden sich Schalen, Teller und Gläser mit bewurzelten Stecklingen und Sämlingen. Besonders bemerkenswert: die Zuchtecke mit »gewöhnlichen« Jungpflanzen wie Ahorn, Weiden und Birken. Sie sammeln die Aelligs vom Kompost herunter, pflanzen sie in Töpfe und ziehen sie dann »mittels geduldigem Formschnitt« zu attraktiven Kübelpflanzen heran.

Auf der tiefer gelegenen Terrasse pflegt die Familie – natürlich umgeben von blühenden Exoten – während des Sommers ihre zweite Leidenschaft: das Kulinarische. Denn wenn andere Leute Urlaub machen, müssen sie sich um ihre Pflanzen kümmern. »Das ist der einzige Preis, den ein Liebhaber südlicher Pflanzen hier bei uns zu zahlen hat. Ab Ende Oktober, wenn alles eingeräumt ist, reisen wir in die Herkunftsländer unserer Schützlinge.« Dann steht auf der Terrasse nämlich ein Folienhaus, zum Überwintern all der floralen Kostbarkeiten.

Dadurch, daß der Dachgarten sich auf zwei Ebenen erstreckt, entstehen automatisch verschiedene Gartenräume, die eine optische Großzügigkeit versprechen. Miteinander verbunden sind sie über eine »japanische« Holzbrücke.

Schon vom gegenüberliegenden Gehsteig aus fallen die rosafarbenen Blütenstände der Oleanderbüsche auf.

Um auch auf dem Dachgarten vor Blicken geschützt zu sein, wurde Bambus in großen Kunststoffbehältnissen angepflanzt. Oleandersträucher, Hortensien und Stauden wachsen in Terrakottagefäßen.

Rechts:
Die üppige Blütenpracht der Oleander *(Nerium oleander)* wird häufig durch den Befall von Läusen getrübt. Zur Bekämpfung lassen sich Marienkäferlarven oder Seifenlauge verwenden.

Pflanzenporträt

Der Oleander

Seit über 2 000 Jahren wird der Oleander *(Nerium oleander)* als Ziergehölz in Gärten gepflanzt. Schon in der Literatur des alten Roms finden sich Hinweise auf seine Verwendung, die Griechen schätzten den immergrünen Strauch als Heilpflanze bei Herzerkrankungen. In Deutschland wird der Oleander erstmals 1543 in dem »New Kreuterbuch« von Leonard Fuchs sowie in den Gartenbeschreibungen des Hieronymus Bock erwähnt. Im Jahre 1849 sind dann hierzulande bereits 57 Oleandersorten katalogisiert.
Sein Name setzt sich aus dem griechischen *nerion* und dem lateinischen *olea* – was wohl einen Hinweis auf die Ähnlichkeit mit dem Ölbaum gibt – zusammen. Von den im Mittelmeerraum vorkommenden Sorten sind dennoch nur wenige geeignet, unsere Gärten nördlich der Alpen zu schmücken. Und auch diese wenigen benötigen einen vollsonnigen, trockenen und geschützten Standort. Ist der gegeben, darf man sich an einer prachtvollen, bis zu sechs Meter hoch werdenden Kübelpflanze erfreuen, deren Blütenfarben – je nach Sorte – von Reinweiß über Gelb und Rosa bis zu einem tiefen, dunklen Rot variieren kann.
Problematisch ist die Anfälligkeit von Oleander gegenüber Schädlingen und Krankheiten. Neben Milben und Läusen setzt den Pflanzen vor allem der sogenannte Oleanderkrebs *(Pseudomonus)* zu. Einen Befall erkennt man zunächst nur an winzigen gelbbraunen Punkten auf den Blättern, die sich dann jedoch rasch zu Wucherungen auswachsen und letztlich den ganzen Trieb abtöten. In diesem Fall hilft nur ein radikaler Rückschnitt bis auf das gesunde Holz hinunter.
Leider wird immer noch zu wenig beachtet, daß alle Pflanzenteile des Oleanders hochgiftig sind! Der zur Familie der *Apocynaceae* (Hundsgiftgewächse) zählende Strauch enthält auch für den Menschen sehr gefährliche Glykoside. Reinigen Sie nach dem Ausputzen oder Schneiden von Stecklingen also gründlich Ihre Hände und achten Sie insbesondere darauf, daß Kinder nicht unbeaufsichtigt in der Nähe von Oleandersträuchern spielen!
Ins Winterquartier gehört der Oleander ab –5°C Außentemperatur. Dazu nimmt er in der Regel auch mit einem kühlen, dunklen Keller vorlieb.

Nerium
Oleander

Familie:	*Apocynaceae*
Heimat:	Mittelmeerraum, Nord-Indien, Südwest-China
Wuchs:	Bis zu fünf Meter hoher, immergrüner Strauch, aber auch baumartig
Blatt:	20 bis 30 cm lang, lederartig, dick und lanzettenförmig
Blüte:	In der Wildform zumeist rosa, an der Kulturpflanze auch weiß, gelb oder dunkelrot; einfach, doppelt oder gefüllt; ca. 3 bis 7 cm im Durchmesser; stark duftend
Boden/ Standort:	Nährstoffreich, hell und trocken
Verwendung:	Die vielleicht populärste Kübelpflanze, auch in Gruppen mit verschiedenen Blütenfarben sehr attraktiv
Besondere Hinweise:	Alle Pflanzenteile des Oleander sind stark giftig!

In Trögen, Kübeln, Töpfen und Kästen haben ein- und mehrjährige Kletterpflanzen, Gehölze und einjähriger Sommerflor die Möglichkeit, sich auszubreiten und Terrassen in grüne Dschungel zu verwandeln.

Balearische Idylle in Baden

Als ehemaliger Inhaber der »Galerie Tomás« auf Ibiza war der Kunstmaler H. Hartmann dann doch irgendwann Spaniens überdrüssig. Kurz entschlossen befragte er das Meteorologische Institut nach dem wärmsten Ort Deutschlands und erhielt schließlich die Antwort: Badenweiler. Im idyllischen Ortsteil Schweighof ließ er sich daraufhin in einem leerstehenden, alten und denkmalgeschützten Haus nieder, das vormals als Gasthof gedient hatte, und nahm dort 1988 seine künstlerische Tätigkeit wieder auf. So ganz und gar hat sich der Wahlbadenser anscheinend bis heute noch nicht von Ibiza und dem balearischen Ambiente abnabeln können, denn Haus und Garten zeigen sich – nach aufwendigem Umbau im Jahre 1989 – deutlich einem mediterranen Stil verpflichtet. Innen ähnelt das weiß gekalkte Gebäude einer mallorquinischen Finca, und auch der Garten erweist sich als gelungene Reminiszenz an das spanische Lebensgefühl. »Die Palmen habe ich seinerzeit noch aus Spanien mitgebracht«, erinnert sich Hartmann, »aber bereits den ersten deutschen Winter haben sie leider nicht überlebt.« Gemeinsam mit einem ortsansässigen Gärtnermeister machte er sich dann in hiesigen Baumschulen auf die Suche nach klimaresistenten Pflanzen und wurde fündig: Heute zieren sorgfältig gestutzter Buchsbaum *(Buxus sempervirens)* und Zwergpalmen *(Chamaerops humilis)* – die einzige in Europa beheimatete Palmenart – den Eingangsbereich zu seiner Galerie.

Als besonders platzsparend erweisen sich halbrunde Terrakottatöpfe aus dem lombardischen Menaggio am Comer See, deren gerades Seitenende bündig mit der Hauswand abschließt, für Kübelpflanzen aber ausreichend Platz zur Wurzelbildung läßt.

Die auf verschiedenen Ebenen arrangierten Pflanzen schaffen den Eindruck optischer Tiefe. Dadurch wirkt der Hof viel größer.

Ein Gartendetail, wie es sich im Süden häufig finden läßt.

Der eigentliche Garten liegt an der Ostseite des Hauses. Damit das Sonnenlicht ungehindert Einlaß findet, wurde der Garten zur Straßenseite hin offen gehalten und erfreut die vorbeigehenden Passanten mit seiner heiteren, südlichen Note. Dank einer geschickten Grundplanung, die den nicht mehr als 150 Quadratmeter umfassenden Bereich in verschiedene Gartenräume unterteilt, wurde ein geschützter Sitzbereich konzipiert. Eine aus groben Natursteinblöcken der Umgebung geschichtete Trockenmauer erfüllt hier gleich mehrere Funktionen: Zum einen stabilisiert sie einen unmittelbar hinter dem Garten ansteigenden Hang, andererseits definiert sie den Sitzbereich als einen klar umgrenzten »Raum« und verleiht ihm das gewünschte Maß an Geborgenheit. Zusätzlich dient die Mauerkrone als Auflagefläche für eine weiß gestrichene Pergola, die während des Sommers von den gelben und roten Blüten zweier Geißblattschlingen *(Lonicera henryi)* farblich hübsch akzentuiert wird.

Der unbestreitbare Vorteil einer vorwiegend immergrünen Bepflanzung – hier sind es Buchsbaum, Wacholder *(Juniperus)* und vor allem verschiedene Gräser wie Chinaschilf *(Miscanthus)* oder Federborstengras *(Pennisetum alopecuroides)* – liegt in ihrer Wirkung im Winter. Dieser Aspekt sollte bei der Anlage eines südlich inspirierten Gartens unbedingt Berücksichtigung finden. Wer sich bei der Auswahl seiner Gehölze und Stauden ausschließlich auf Sommerblüher und Kübelpflanzen beschränkt, wird zwischen November und März einen Garten mit bestenfalls architektonischen Strukturen sein eigen nennen. Während des Winters geht es in einem Garten viel mehr um Formen als um Fülle. Eine Zwergpalme, deren Blattgefieder von einem frühmorgendlichen Rauhreif überzogen wird, wirkt allemal attraktiver als jahreszeitlich bedingte »Ersatzpflanzungen« von Stiefmütterchen oder Eriken, die in viel zu großen Abständen in viel zu große Beete plaziert werden.

Ein besonders originelles Pflanzbeet findet sich am Eingang des Gartens. Es ist in Form eines Halbmondes gebildet. »Solche Beete habe ich in vielen Gärten Floridas gesehen. Es ist meine ganz persönliche Art, mich während des Winters an wärmere Gefilde zu erinnern«, erklärt der weitgereiste Galerist. »Zuerst hatte ich es als einen kleinen, sichelförmigen Teich angelegt, doch dann fror die Folie durch und hinterließ ein Becken mit Eisbrocken.«
Dieser Garten, der aufgrund seiner winzigen Ausmaße eine räumliche Herausforderung darstellt, »pendelt« zwischen Formalität und Fröhlichkeit – eine gelungene Kombination, die man heute viel zu selten in unseren Gärten antrifft.

Im Schatten dichtbewachsener Balkone kann man heiße Sommertage auch in der Stadt genießen.

Pflanzenporträt

Die Zwergpalme

Die Zwergpalme *(Chamaerops humilis)* ist die einzige in Europa wild vorkommende Palme. Hauptsächlich in Süditalien und Spanien findet man sie noch an den felsigen Küstenpartien, häufig gemeinsam mit dem Feigenkaktus *(Opuntia ficus-indica)*. In Marokko werden ihre Blätter zur Herstellung von Korbwaren und Matten verwendet oder auch als Streu bei der Viehhaltung genutzt. Ihr Habitus kann recht vielfältig sein: Man sieht sie auf den Marktplätzen als hohen Baum bis zu einer Höhe von fünfzehn Metern *(Chamaerops* var. *arborescens)*, mehrstämmig an eine Hauswand geduckt oder gar am Boden kriechend. Die Anpassungsfähigkeit der Zwergpalme und vor allem ihre Winterhärte haben sie bis nach England vordringen lassen. Dort wird sie jedoch – wie auch bei uns – vorrangig als Kübelpflanze gehalten. In dieser Kategorie zählt die Zwergpalme ganz sicher zu den attraktivsten Pflanzen. Wie bei vielen anderen Palmen sollte man sie möglichst als »fertiges« Exemplar kaufen, da sie im Kübel ausgepflanzt nur noch wenig Zuwachs hat. Hinsichtlich der Pflege stellt die Zwergpalme keine allzu großen Anforderungen, im Winter reicht ihr ein abgedunkelter, kühler Raum als Quartier.

Chamaerops
Zwergpalme

Familie:	*Palmae*
Heimat:	Westliches Mittelmeergebiet und Nordafrika
Wuchs:	Langsam wachsende, mehrstämmige Palme; kann – trotz des Namens »Zwergpalme« – bis zu 15 Meter hoch werden.
Blatt:	Bildet dichte, endständige Büschel, breit gefächerte Blattspreite mit 10 bis 12 Strahlen; dick wachsartig
Blüte:	Zweihäusig, in kleinen Einzelblüten, grünlichgelb
Boden/ Standort:	Anspruchslos hinsichtlich Nährstoffen, Wasser und Licht
Besondere Hinweise:	Die mit kräftigen Dornen versehenen Blattenden können bei Berührung ernsthafte Verletzungen hervorrufen.

»Balkonien« in südlichem Blütenkleid

Rechts und gegenüber: Die Farbe regiert hier, ob im Detail oder in der Gesamtansicht dieses Balkons.

In den vorangegangenen Kapiteln haben wir mehr oder weniger großzügig konzipierte Gartenanlagen vorgestellt, von denen manche fast schon die Größe öffentlicher Parkanlagen aufweisen. Dabei müssen die meisten Gartenfreunde mit weitaus weniger Freiflächen vorliebnehmen, wobei der eine oder andere sogar »auf's Dach steigen muß«, um sich und seinen Pflanzen einen attraktiven Lebensraum zu schaffen. Doch noch ärger trifft es die zahllosen Bewohner vielgeschossiger Mehrfamilienhäuser mit – wenn überhaupt – Balkonen geringster Größe. Die nicht selten aus Kostenersparnis und/oder behördlichen Auflagen resultierende Uniformität derartiger »Außenbereiche« führt dazu, daß viele Balkone mangels architektonischer Attraktivität zu bloßen Abstellräumen degradiert werden.
Daß es jedoch ganz anders gehen kann, zeigt sich anhand dieses Beispiels eines von sechs Mietparteien genutzten Wohnhauses im badischen Emmendingen. Vor fünf Jahren beschlossen die Eigentümer im Zuge einer ohnehin erforderlichen Umbaumaßnahme, die auf einen gewerblich genutzten Innenhof hin ausgerichteten Balkone zu begrünen. Dank der südwestlichen Gebäudeexposition und der windgeschützten Hoflage konnte damals auch auf Ranker und Kletterpflanzen zurückgegriffen werden, die schon zu den empfindlicheren Arten zu zählen sind. Innerhalb von nur fünf Vegetationsperioden hat sich hier ein fast subtropisch zu nennendes Pflanzendickicht ent-

wickelt, dem während der Sommermonate oftmals nur mit der Schere beizukommen ist. »Vor zehn Jahren gab es in diesem Hof nicht ein einziges grünes Blatt«, berichtet uns der Initiator der damaligen Pflanzaktion – selbst ein Gärtner – nicht ohne Stolz. »Dann begannen ein paar Bewohner damit, Fuchsien und Geranien in ihre Balkonkästen zu setzen, während andere versuchten, sich mit meterhohen Kübelpflanzen vor den Blicken ihrer Nachbarn zu schützen. Das Problem war nur, daß für sie selbst und ihr Gartentischlein überhaupt kein Platz mehr blieb, da die Balkone nicht mehr als ein paar Quadratmeter messen.« Schließlich hatte man die rettende Idee: Eine einheitliche Lösung mußte her, eine durchgehende Fassadenbegrünung, welche die Balkone wie mit einem grünen Fenster umschloß, in dem sich dann jeder nach Belieben durch Rückschnitt seine lichten Öffnungen schaffen konnte. So wurden in den schattigen Partien unten im Hof Pflanzflächen für den schnellwüchsigen Efeu *(Hedera hibernica)* geschaffen, dessen etwas geringere Winterhärte (verglichen mit der weitaus populäreren Art *H. helix)* dabei durchaus in Kauf genommen werden konnte, zumal die größeren Blätter dieser Art sich für eine rasche Begrünung als zweckdienlich erwiesen. Im obersten Stockwerk des Hauses plazierte man dagegen einige Kästen mit guter Gartenerde, in der mehrere Wisterien oder Blauregen *(Wisteria sinensis)* gepflanzt wurden, die – neben ihrer

Warum sollte man verreisen, wenn es auf dem heimischen Balkon so gemütlich ist?

grandiosen Blüte – sogar Bereiche weitab ihrer Wurzeln besiedeln können. Auf diese Weise erfolgte – wenn man so will – ein »floraler Angriff von zwei Seiten« gegen das eintönige Grau des kahlen Mauersteins. Angespornt vom schon bald sichtbaren Erfolg dieser Maßnahmen, entwickelten die Bewohner einige phantasievolle (und nachahmenswerte) Methoden, ihre eigenen Balkone individuell und üppig zu bepflanzen und selbst noch Platz zur Verfügung zu haben. Als ebenso dekorativ wie raumsparend haben sich beispielsweise die halbrunden Terrakottatöpfe aus dem lombardischen Menaggio am Comer See erwiesen, deren gerades Seitenende bündig mit der Hauswand abschließt, den meisten Kübelpflanzen aber ausreichend Platz zur Wurzelbildung läßt. Und eine besonders gute Idee für eng nebeneinander verlaufende Balkonzeilen oder Erkersituationen: Über die Zwischenräume beziehungsweise Ecken wurden massive Balken oder Bretter gelegt, auf denen wiederum bepflanzte Kübel stehen (siehe Abbildung Seite 113). So erhielt jeder Balkon trotz der einheitlichen »Grundbegrünung« seine ganz persönliche, intime Note. Schönmalven *(Abutilon)*, Spanische Gänseblümchen, Hibiskus und Bougainvillea sowie die bis zu einem Meter langen, kalebassenartigen Früchte des Flaschenkürbis *(Lagenaria siceraria)* bilden mittlerweile einen »grenzüberschreitenden« subtropischen Dschungel, der während des Sommers auch ein willkommenes Hitzeschild gegen die – nicht selten als »mediterran« zu bezeichnende – badische Sonne bildet. »Im Juli und August bleiben die Wohnungen angenehm kühl, während im Winter, wenn die meisten Pflanzen entweder kahl oder eingeräumt sind, die Sonne nahezu ungehindert Einlaß findet.« Ein Problem jedoch sollte nicht unerwähnt bleiben: der immense Wasserbedarf, der nötig ist, um die üppige Blütenpracht vom Frühjahr bis zum Herbst zu entwickeln und zu erhalten. »Im Sommer verbrauche ich nicht selten mehr als einhundert Liter Wasser am Tag nur für die Pflanzen«, verrät uns einer der Bewohner und verweist auf die Wassertanks, die insgesamt über eine Kapazität von 1000 Litern verfügen. »Mittels elektrischer Pumpen wird das kostbare Naß dann bis in den obersten Stock verfügbar gemacht.« Und noch etwas fügt er hinzu: »Die Innenräume sollte man von Zimmerpflanzen freihalten, um vor Beginn des Winters genügend Platz für die Balkonpflanzen zu haben. Das beachten anfangs zu wenige.«

Um im Winter frostempfindliche Pflanzen unterbringen zu können, sollte die Wohnung von Zimmerpflanzen möglichst freigehalten werden.

Wände aus leichtem Gitterdraht ermöglichen eine Rundum-Eingrünung mit Kletterpflanzen. Somit wird auch ein Balkon zu einem intimen und uneinsehbaren Freiluftwohnzimmer.

Gegenüber:
Neben der mehrjährigen Glyzine *(Wisteria sinensis)* schlingen und winden sich an Eisenrohren und Bambusstecken auch noch die einjährige Prunkwinde *(Ipomoea tricolor)* und der Flaschenkürbis *(Lagenaria siceraria)* nach oben.

Pflanzenporträts

Die Schönmalve

Die immergrüne, bis zu eineinhalb Meter hohe Rio-Grande-Schönmalve *(Abutilon megapotamicum)* sollte eigentlich in keinem südlich inspirierten Garten fehlen. Sie ist recht preiswert und leicht zu erwerben und vereint die filigrane Anmut ihrer Gestalt mit der außergewöhnlichen Schönheit ihrer Blüten, die wie reife, rote Trauben von den dünnen Stielen herabhängen. Fünf gelbe Kronblätter baumeln von einem tiefroten Kelch und werden zudem von violetten Staubfädenbündeln zentriert. Schönmalven treiben fast das ganze Jahr hindurch unermüdlich Blüten – regelmäßiges Düngen und Wässern sowie ein heller, sonniger Standort vorausgesetzt. Mit mehr als 100 Arten bereitet der in den Tropen und Subtropen Südamerikas beheimatete Strauch dem Pflanzenfreund häufig genug die Qual der Wahl. So sind *A. darwinii* x *A. pictum*-Hybriden von eher niedrigem Wuchs und fallen schon aufgrund ihrer dekorativ gefleckten Blätter auf. Dieses dem Botaniker als »Panaschierung« bekannte Merkmal geht ursprünglich auf einen Virusbefall zurück. Schönmalven vertragen vor dem Einräumen im Winter einen kräftigen Rückschnitt. Im Freien bevorzugen sie einen möglichst windgeschützten Platz – im Idealfall vor einer sonnigen, weißen Gartenmauer, die den Blütenschmuck so richtig zur Geltung bringt.

Abutilon
Schönmalve

Familie:	*Malvaceae*
Heimat:	Brasilien
Wuchs:	Bis zu 1,5 Meter hoher, immergrüner Strauch mit langen, biegsamen Zweigen
Blatt:	Bis zu 10 cm lang, gezähnt und länglich herzförmig (bei einigen Sorten wie *A. megapotamicum* auch hell gefleckt)
Blüte:	An dünnen Stielen hängende, rote, wie aufgeblasen wirkende Kelche mit gelben Kronblättern und dunkelvioletten Staubfäden
Boden/ Standort:	Vor Wind und Regen möglichst geschützt und hell; stellt an den Boden recht hohe Nährstoffansprüche.
Verwendung:	Ausdauernd und reich blühende Kübelpflanze; auch für den Wintergarten gut geeignet
Besondere Hinweise:	Vor dem Überwintern ist ein Rückschnitt erforderlich.

Die Wisterie

Die Chinesische Wisterie oder Glyzine *(Wisteria sinensis)* kann mit ihren bis zu 30 Meter langen Ästen ganze Häuserfassaden hinter einem üppigen Blatt- und Blütenteppich verschwinden lassen. Aufgrund ihrer 20 bis 50 cm großen, blau-violetten Blütentrauben wird sie mitunter auch sehr trefflich als »Blauregen« bezeichnet. Sie stammt zwar – wie schon ihr Name verrät – aus China, wurde aber zuerst in Japan kultiviert. Anfang des 19. Jahrhunderts gelangten die ersten Wisterien nach Europa, wo sie hauptsächlich in den Villengärten der oberitalienischen Seen und an den Rivieren des Mittelmeers als dekorative Kletterpflanzen Verwendung fanden.
Wisterien bevorzugen sonnige, geschützte Standorte und verbrauchen während der Blüte sehr viel Wasser. Die bei uns am häufigsten erhältlichen Arten sind – neben der bereits erwähnten *W. sinensis* – *W. floribunda* und die weiß blühende *W. venusta*. Sie alle bieten den Vorteil, daß man ihre Triebe über entsprechend stabile Kletterhilfen auch dorthin leiten kann, wo – wegen mangelnden Wurzelraums – kaum noch eine Begrünung möglich wäre.

Wisteria
Wisterie (Glyzine, Blauregen)

Familie:	*Leguminosae*
Heimat:	Ostasien
Wuchs:	Sommergrüne Schlingpflanze, die – je nach Art – bis zu 15 Meter hoch werden kann.
Blatt:	Bis zu 35 cm lang, fiedrig geteilt, hellgrün
Blüte:	Blau-violett oder weiß (*W. sinensis* 'Alba'), bei der Sorte 'Macrobotrys' bis zu 90 cm lang
Boden/ Standort:	Gute Gartenböden und reichlich Feuchtigkeit; hell und möglichst sonnig
Verwendung:	Herrlich (ab Mai) blühende Kletterpflanze zur Begrünung von Pergolen, Bäumen und Fassaden (mit Kletterhilfen)
Besondere Hinweise:	Eignet sich auch zur Begrünung bodenferner Standorte, da sie sich weit vom Wurzelbereich ziehen läßt.

Geschickt wurde die Monotonie einer Grundstücksmauer mittels großer Natursteinplatten und einem Laubengang aus Eisenrohr unterbrochen. An ihm wachsen Kletterrosen, Glyzine *(Wisteria sinensis)*, Akebie *(Akebia quinata)*, Trompetenblumen *(Campsis radicans)* sowie verschiedene Clematis-Sorten.

Ein Garten nach andalusischem Vorbild

Umgeben von Sonnenblumen, Rosen und Duftpelargonien genießt man auf dieser Gartenbank sonnige Aussichten.

Das Storchennest im Birkenbaum suggeriert heimische Idylle, und auch das großzügig erbaute Landhaus mit seinen zahlreichen Giebeln und Gauben paßt sich wie selbstverständlich in die hügelige Wald- und Wiesenlandschaft ein. Vor dem Haus wachsen Rosen und niedrige Blütenstauden in schmalen Beeten, die sich bis zu dem rustikalen Carport hin erstrecken. Von hier führt ein Weg, gepflastert aus groben Wacken, in den Bauerngarten ..., möchte man meinen.

Was zuerst verblüfft, ist das schwere, massive Eisengitter, das – wappenverziert und mit bronzenen Lanzen bewehrt – eher zu einer kastilischen Ritterburg als zu einem süddeutschen Bauernhof passen könnte. Dann, nach wenigen Metern, hört man plötzlich das leise Plätschern eines Brunnens. Die Rosen weichen nun mediterranen Gehölzen wie Oleander und Bleiwurz *(Plumbago)*. Zierkirschen und ein beachtlicher Feigenbaum verbreiten lichten Schatten, und auf einmal befindet man sich inmitten eines weitläufigen maurischen Gartens: Langgestreckte Wasserbecken, von flachen Buchsbaumhecken umrahmt; flache Schalenbrunnen, die ein Wegekreuz zentrieren; noch junge Orangenbäumchen in quadratischen Rabatten; Steinbänke und andere Gartenmöbel aus spanischem Korbgeflecht laden ein zum müßigen Verweilen. Man glaubt sich in den »Patios« Andalusiens, den berühmten Hofgärten Córdobas und Sevillas ...

»Ich liebe dieses Spannungsverhältnis in der Architektur. Kultur entsteht nur im Dialog mit anderen Kulturen«, erklärt mir der Eigentümer, der Maler und Dozent Martin Rabe, wenig später bei unserem Gespräch auf der schattigen Terrasse. Seit 1989 leitet er hier die »Holzener Symposien«, bei denen namhafte Wissenschaftler und Publizisten zu den verschiedensten Themen referieren. 1995 begann man schließlich mit der Planung zu einem Garten, der nicht nur als Kulisse, sondern auch als Veranstaltungsort und individueller Rückzugsraum dienen sollte. Die Zusammenarbeit des polyglotten Bauherrn mit dem etablierten Büro der Landschaftsarchitektin Erika Fischer erwies sich dabei im Resultat als Glücksgriff: »Die klare Grundform der Anlage, die Technik und die Rahmenbepflanzung stammen von ihr; die andalusischen Details, der Gartenschmuck, die Brunnen und Bänke sowie die innere Bepflanzung sind Eigenwerk.« So auch das schmiedeeiserne Gittertor, das mir gleich zu Anfang aufgefallen war. »Eigentlich sind es zwei verschiedene Tore, die nur im gleichen Stil restauriert wurden. Das eine – es stammt aus dem Jahre 1888 – fand ich zufällig auf einem Müllplatz in Sevilla, während ich das andere aus Katalonien mitgebracht habe. Eine recht kostspielige Angelegenheit«, wie Martin Rabe zugibt. Als wesentlich preiswerter erwies sich dagegen der Bau der Terrasse. Für »etwa 150 DM« erwarb er bei den verschiedensten Firmen Platten- und Pflasterreste, schnitt und sortierte diese so lange, »bis sich etwas daraus ergab« und fügte das Ganze dann zu einer neuen Einheit zusammen. Der – wie ich finde – »miróhafte«, gelungene Gesamteindruck regt zur Nachahmung an und schont das Budget eines jeden Gestalters.

Auch die pittoresken Brunnen sind ineinandergefügtes Stückwerk. Ihre Aufbauten setzen sich aus halbierten Säulen, Mühlsteinen und umgekehrten Pfeilern zusammen, die – in einer Linie durchbohrt – mit einem Wasseranschluß versehen wurden. »Diese verschiedenen Nutzformen des Steins findet man noch zuhauf an der spanischen Flanke der Pyrenäen und im Hinterland der Costa Brava.« Wie auch die uralten Waschtröge, die nun überall im Garten verteilt als Wasserspender fungieren. Der zum Haus gewandte Gartenteil wirkt formell und folgt streng dem islamisch-maurischen Gestaltungsgrundsatz, eine Fläche in vier gleich

Tritt man durch das Eisentor, führt ein Weg aus Granitkleinstein, gesäumt von Buchshecken, direkt zu einem Natursteinbrunnen.

Kontrastreich ergänzen sich der lebendig wirkende Brunnen und das ruhige Wasserbecken. Der Brunnen besteht aus einem Mühlstein und der dicken Scheibe einer Steinsäule.

große Bereiche zu unterteilen. Hier sind es vier nahezu rechteckige Beete, die von jeweils drei Rosen dominiert werden. Die artenreiche Staudenunterpflanzung verwandelt die Beete fast das ganze Jahr über in ein buntes Blütenmeer. Neben Glockenblumen *(Campanula persicifolia* 'Grandiflora Alba'), Astern, Schleierkraut *(Gypsophila paniculata* 'Bristol Fairy'), Salbei und Ehrenpreis *(Veronica longifolia* 'Schneeriesin'), finden sich auch seltener verwendete Arten wie die weiß bis rosa Sterndolde *(Astrantia major)* oder die überaus dekorative, bis in den Herbst hinein dunkelviolett blühende Skabiose *(Scabiosa caucasica* 'Miss Willmott'). Zwischen den Rabatten verlaufen die zum Teil gepflasterten, zum Teil nur mit Sand eingeschlämmten Wege. Verschiedene Pflastergrößen lockern die strenge Formensprache auf, ebenso wie die wunderschönen alten Pflanzkübel und Kalebassen, die mit Veilchenstrauch *(Iochroma cyaneum)*, Zistrosen *(Cistus* x *aguilari, C.* x *purpureus)* oder Buchsbaum bepflanzt sind. Auch unter den Kübelpflanzen gibt es hier Raritäten wie die in unseren Breiten eher selten anzutreffende Beloperone *(Beloperone guttata)*. Südwestlich der Beete schließt sich eine – das Auge wieder beruhigende – Rasenfläche an. Von dort blickt man auf einen weiteren signifikanten Gartenteil, der ganz die Handschrift des Malers und Pädagogen Martin Rabe trägt: Die Mauer, der eigentlich nur eine Funktion als Grundstücksbegrenzung zugedacht war, färbte Rabe hellblau ein

Eingebettet in weite, das Auge beruhigende Rasenflächen, kommen die einzelnen, intensiv gestalteten Gartenräume besonders zur Geltung. Trotz der üppigen Gestaltungsvielfalt strahlt der Garten jene dezente Eleganz aus, wie wir sie im Süden antreffen.

Die bloße Anwesenheit riesiger Amphoren, die den Gartenweg entlang der Grundstücksmauer begleiten, verleiht dem Garten südliche Stimmung.

und versah sie mit verschiedenen Keramikmustern. Sie erinnern in ihrer Form an die Mosaikbänder, die sich noch heute an vielen andalusischen Häuserwänden finden. Hier dienen sie mit ihren je nach Tageszeit wechselnden Schattenwürfen seinen Malschülern als Vorlagen für zeichentechnische Übungen. Ein bogenförmiges Rankgerüst überspannt den Bereich vor der Mauer. An ihm winden sich die unterschiedlichsten Arten von Kletterpflanzen empor: Rosen, Wisterien, Akebien *(Akebia quinata)*, Winterjasmin *(Jasminum nudiflorum)*, Trompetenblume *(Campsis radicans)* sowie mehrere Clematissorten ('The President', 'Rouge Cardinal', 'Nelly Moser').
Trotz der beeindruckenden Pflanzenvielfalt geht von diesem Garten jene dezente Eleganz aus, wie wir sie in Italien, Südfrankreich oder Spanien antreffen. In diesem Garten dominiert eine südspanische Note, die sich vielleicht auch daraus erklärt, daß Frau Rabe selbst Spanierin ist.

Noch bei der Niederschrift dieses Buches mußte ich an die Worte von Martin Rabe denken: »Kultur entsteht nur im Dialog mit anderen Kulturen.« Dies gilt auch für unsere Gärten.

Die Seele baumeln lassen oder rauschende Sommerfeste feiern? Wo könnte man das besser als unter einem so geschützten Sitzplatz? Unter ihm läßt es sich auch bei überraschenden Regengüssen gut aushalten.

Der Hauseingang wird links und rechts von unterschiedlich großen Buchskugeln und verschiedenem Sommerflor in Töpfen flankiert, wie es in südlichen Ländern üblich ist.

Pflanzenporträt

Cistus
Zistrose

Familie:	*Cistaceae*
Heimat:	Mittelmeerraum
Wuchs:	Bis knapp zwei Meter hoher, buschiger (Halb-)Strauch; immergrün
Blatt:	Je nach Art bis zu 8 cm lang, mit aromatischem Duft
Blüte:	Weiß, karminrosa oder goldgelb; oft mehrfarbig, pergamentartig dünn
Boden/ Standort:	Leichte, durchlässige Böden, viel Wasser und Dünger; möglichst sonnig und hell
Verwendung:	Als Rabatten- oder Kübelpflanze
Besondere Hinweise:	Anfällig gegen Blattläuse und Grauschimmel!

Die Zistrose

Die Zistrosen *(Cistus)* zählen zweifellos zu den schönsten Frühjahrsblühern mediterraner Herkunft. In ihrer Heimat bilden sie mit ihren zarten Blüten auffällig farbige Blickpunkte inmitten der ansonsten von immergrünen Sträuchern beherrschten Macchia. Die papierartig feinen Blüten der Zistrosen welken rasch, werden aber ständig durch sich neu entfaltende Knospen ersetzt. Um einen kompakten Habitus zu erzielen, muß man die Pflanzen mehrmals von Hand entspitzen. Zu den empfehlenswerten Sorten (der insgesamt fast 2 000 Arten umfassenden Familie der *Cistaceae)* gehören die weiß blühende Montpellier-Zistrose *(Cistus monspeliensis)*, die Weißgraue Zistrose *(C. incanus)* mit ihren purpur-rosafarbenen Blüten und die an einem entsprechend geschützten Standort beinahe winterharte Lorbeerblättrige Zistrose *(C. laurifolius)*. Im Handel erhältlich sind auch verschiedene Hybriden, wie die rosa blühende *C.* x *purpureus* oder die weiße *C.* x *aguilari*. Um ihren Blütenschmuck ständig zu erneuern, benötigen die Zistrosen entsprechend hohe Wasser- und Düngergaben. Zur Überwinterung eignen sich alle hellen und zugleich kühlen Räumlichkeiten.

Verzeichnis der Garten- und Landschaftsarchitekten

Gartenbeispiel 1:
Horst Schümmelfeder,
Jürgensplatz 68
40219 Düsseldorf
Garten Seite 36

Gartenbeispiel 2 – 4:
Richard Bödeker
(Bödeker, Wagenfeld & Partner)
Bergische Landstraße 606
40629 Düsseldorf
Gärten Seite 46, 54, 64

Gartenbeispiel 11:
Erika Fischer,
Heidelinger Straße 12
79576 Weil am Rhein
Garten Seite 116

Alle übrigen Gärten wurden von den jeweiligen Eigentümern selbst entworfen oder gestaltet.

Hilfreiche Adressen für Pflanzenfreunde

Gesellschaft der Staudenfreunde
c/o Fam. Hald
Dörrenklingenweg 35
74629 Untersteinbach/Hohenlohekreis

Verein Deutscher Rosenfreunde
c/o Hanni Bartetzko
Waldseestraße 14
76530 Baden-Baden

Deutsche Rhododendron-Gesellschaft
c/o Dr. Lothar Heft
Marcusallee 60
28359 Bremen

Europäische Bambus-Gesellschaft
c/o Edeltraud Weber
John-Wesly-Straße 4
63584 Gründau

Internationale Kameliengesellschaft
Dr. Ingrid Batzenschlager
Altstadt 28
84028 Landshut

Deutsche Kakteen-Gesellschaft
Nordstraße 18
26939 Ovelgönne

Deutsche Citrusgesellschaft
c/o Peter Klock
Stutsmoor 42
22607 Hamburg

Interessengesellschaft Passiflora
c/o M. Müller
Hauptstraße 145/1
75334 Straubenhardt

Kübelpflanzen
Christoph und Maria Köchel
Versandgärtnerei Flora Mediterranea
Königsgütler 5
84072 Au/Hallertau
Telefon (0 87 52) 12 38
Telefax (0 87 52) 99 30

Abbildung rechts : Siehe Seite 34 links oben

Bildnachweis

Alle Fotos stammen von Rike und Rainer W. Kuhnke

Außerdem:
Jürgen Becker, Hilden:
Seite 65

Wolfram Stehling
Floraprint International,
Vaduz:
Seite 3, 21, 26 links

Garpa Garten & Park Einrichtungen GmbH,
Escheburg:
Seite 27 links unten, 33 rechts, 34 rechts unten

Friedrich Strauß, Au/Hallertau:
Seite 4, 26 rechts, 27 links oben, rechts unten, 32/33, 33 Mitte, 34 links, rechts oben, 125

Dank

Mein ganz besonderer Dank gilt den Eigentümern der in diesem Buch vorgestellten Gärten. Ich denke, es ist nicht ganz leicht, andere an der Intimität und Privatsphäre – die ein Garten immer beinhaltet – in Wort und Bild teilhaben zu lassen…
Mein Dank auch an den Callwey Verlag, meiner Lektorin Frau Andrea Hölzl – und Herrn Roland Thomas, der mir die Chance gab, dieses Projekt zu verwirklichen, Frau Zita Bauch-Troschke für die Mitarbeit an den Bildtexten.
Herzlichen Dank, Rike! Ohne Deine aufbauende Unterstützung und fotografische Mitarbeit hätte es dieses Buch wohl nicht gegeben…

Impressum

Streitfeldstraße 35, 81673 München
http://www.callwey.de
e-mail: buch@callwey. de

Die Deutsche Bibliothek –
CIP-Einheitsaufnahme
Südliche Stimmung für heimische Gärten: Ideen, Gestaltung, Pflege /Rainer W. Kuhnke – München: Callwey, 1999
(… rund ums Haus)

ISBN 3-7667-1329-9

Gestaltung und Produktion:
Helmut Gebhardt, München
Litho: Fotolito Longo, Bozen
Druck und Bindung:
Fotolito Longo, Bozen

Printed and bound in Italy
ISBN: 3-7667-1329-9

CALLWEY

Die Bücher.

Zita Bauch-Troschke
Begrünte Wände, Lauben und Pergolen
128 Seiten, 124 Abbildungen, 32 Zeichnungen. Gebunden.

Wer sehnt sich nicht nach einem von Sonne, Wind und Neugierigen geschützten Plätzchen im Grünen? Zita Bauch-Troschke präsentiert eine Vielzahl von Gestaltungsideen für die Begrünung von Lauben und Pergolen, Pavillons und Gartenhäusern. Ein Ratgeber mit fachkundigen Informationen, traumhaft schönen Beispielen und faszinierenden Fotos.

Wie man neue Wege zur Harmonie im Garten findet, vermittelt Manfred Grawert. Auf räumlichen und pflanzlichen Landschaftselementen aufbauend, liefert er gestalterische Hilfen für deren praktische und poetische Übertragung in das eigene Grün. Ein Garten-Buch, das Lust macht, einen Garten zu verwandeln und zu durchwandern.

Manfred Grawert
Gärten nach der Natur
128 Seiten, 174 Abbildungen, 71 Strichzeichnungen. Gebunden.

CALLWEY VERLAG
MÜNCHEN